Bücherei des Marxismus-Leninismus

W0061298

Karl Marx
Friedrich Engels

—

Manifest
der Kommunistischen
Partei

Dietz Verlag Berlin
1989

Der Ausgabe liegen folgende Editionsprinzipien zugrunde: Rechtschreibung und Zeichensetzung sind, soweit vertretbar, modernisiert. Der Lautstand und die Silbenzahl der Wörter wurden nicht verändert. Allgemein übliche Abkürzungen wurden beibehalten. Alle in eckigen Klammern stehenden Überschriften, Wörter und Wortteile stammen von der Redaktion. Offensichtliche Druck- oder Schreibfehler wurden stillschweigend korrigiert.

Fußnoten von Marx und Engels sind durch hochgestellte Ziffern mit Stern, Fußnoten der Redaktion durch hochgestellte Ziffern gekennzeichnet. Auf Anmerkungen der Redaktion wird durch hochstehende Ziffern in eckigen Klammern verwiesen.

Für Hinweise auf Karl Marx/Friedrich Engels: Werke, Berlin 1956 ff., wird das Sigle MEW verwendet.

Der Verlag

Marx, Karl: Manifest der Kommunistischen Partei /
Karl Marx ; Friedrich Engels. – 56. Aufl. –
Berlin : Dietz Verl., 1989. – 104 S. : 7 Abb.
(Bücherei des Marxismus-Leninismus)

ISBN 3-320-00279-1

Mit 7 Abbildungen
56. Auflage 1989
© Dietz Verlag Berlin 1945, 1949, 1963, 1978
Lizenznummer 1 · LSV 0046
Lektor: Waltraud Bergemann/Inge Neumann
Typographie: Horst Kinkel
Reihenentwurf: Gerhard Schmidt
Umschlag: Klaus Lubina
Printed in the German Democratic Republic
Fotosatz: Druckerei Neues Deutschland Berlin
Druck und Bindearbeit:
Graphischer Großbetrieb Völkerfreundschaft Dresden
Best.-Nr. 735 044 6

00080

Manifest

der

Kommunistischen Partei.

Veröffentlicht im Februar 1848

Proletarier aller Länder vereinigt Euch!

London.

Gedruckt in der Office der „Bildungs-Gesellschaft für Arbeiter"
von J. E. Burghard.

16, LIVERPOOL STREET, BISHOPSGATE.

Umschlagseite der Erstausgabe

Vorworte

1. Karl Marx/Friedrich Engels: Vorwort [zur zweiten deutschen Ausgabe von 1872].
   Geschrieben 24. Juni 1872.
   Erstmalig veröffentlicht in: Karl Marx/Friedrich Engels: Das Kommunistische Manifest, Leipzig 1872.
   Nach: MEW, Bd. 18, S. 95/96.
   Dem Text liegt die zweite deutsche Ausgabe von 1872 zugrunde.

2. Karl Marx/Friedrich Engels: [Vorrede zur zweiten russischen Ausgabe von 1882].
   Geschrieben 21. Januar 1882.
   Erstmalig veröffentlicht in: Народная Воля (Genf), Nr. 8/9 vom 5. Februar 1882.
   Nach: MEW, Bd. 19, S. 295/296.
   Dem Text liegt die Handschrift in deutscher Sprache zugrunde.

3. Friedrich Engels: [Vorwort zur dritten deutschen Ausgabe von 1883].
   Geschrieben 28. Juni 1883.
   Erstmalig veröffentlicht in: Karl Marx/Friedrich Engels: Das Kommunistische Manifest, Hottingen-Zürich 1883.
   Nach: MEW, Bd. 21, S. 3/4.
   Dem Text liegt die dritte deutsche Ausgabe von 1883 zugrunde.

4. Friedrich Engels: Vorrede [zur englischen Ausgabe von 1888].
   Geschrieben 30. Januar 1888.
   Erstmalig veröffentlicht in: Karl Marx and Frederick Engels: Manifesto of the Communist Party, London 1888.
   Nach: MEW, Bd. 21, S. 352–359.
   Dem Text liegt die englische Ausgabe von 1888 zugrunde.

5. Friedrich Engels: [Vorwort zur vierten deutschen Ausgabe von 1890].
   Geschrieben 1. Mai 1890.
   Erstmalig veröffentlicht in: Karl Marx/Friedrich Engels: Das Kommunistische Manifest, London 1890.
   Nach: MEW, Bd. 22, S. 52–59.
   Dem Text liegt die vierte deutsche Ausgabe von 1890 zugrunde.

6. Friedrich Engels: Vorwort [zur zweiten polnischen Ausgabe von 1892].
   Geschrieben 10. Februar 1892.
   Erstmalig veröffentlicht in: Przedświt (London), vom 27. Februar 1892.
   Nach: MEW, Bd. 22, S. 282/283.
   Dem Text liegt die Handschrift in deutscher Sprache zugrunde.

7. Friedrich Engels: An den italienischen Leser. [Vorwort zur italienischen Ausgabe von 1893.]
   Geschrieben 1. Februar 1893.
   Erstmalig veröffentlicht in: Carlo Marx e Federico Engels: Il Manifesto del Partito Comunista, Milano 1893.
   Nach: MEW, Bd. 22, S. 365/366.
   Dem Text liegt die Handschrift in französischer Sprache zugrunde.

1
Karl Marx
Friedrich Engels

—

Vorwort [zur zweiten deutschen Ausgabe von 1872]

Der Bund der Kommunisten, eine internationale Arbeiter-
verbindung, die unter den damaligen Verhältnissen selbstredend nur eine geheime sein konnte, beauftragte auf dem in
London im November 1847 abgehaltenen Kongresse[1] die
Unterzeichneten mit der Abfassung eines für die Öffentlichkeit
bestimmten, ausführlichen theoretischen und praktischen
Parteiprogramms. So entstand das nachfolgende »Manifest«,
dessen Manuskript wenige Wochen vor der Februarrevolution[2] nach London zum Druck wanderte. Zuerst deutsch
veröffentlicht, ist es in dieser Sprache in Deutschland, England
und Amerika in mindestens zwölf verschiedenen Ausgaben
abgedruckt worden. Englisch erschien es zuerst 1850 in London
im »Red Republican«[3], übersetzt von Miß Helen Macfarlane,
und 1871 in wenigstens drei verschiedenen Übersetzungen in
Amerika. Französisch zuerst in Paris kurz vor der Juni-Insurrektion 1848[4], neuerdings in »Le Socialiste«[5] von New
York. Eine neue Übersetzung wird vorbereitet. Polnisch in
London kurz nach seiner ersten deutschen Herausgabe. Rus-
sisch in Genf in den sechziger Jahren. Ins Dänische wurde es
ebenfalls bald nach seinem Erscheinen übersetzt.

Wie sehr sich auch die Verhältnisse in den letzten fünfundzwanzig Jahren geändert haben, die in diesem »Manifest«
entwickelten allgemeinen Grundsätze behalten im ganzen und
großen auch heute noch ihre volle Richtigkeit. Einzelnes wäre
hier und da zu bessern. Die praktische Anwendung dieser

Grundsätze, erklärt das »Manifest« selbst, wird überall und jederzeit von den geschichtlich vorliegenden Umständen abhängen, und wird deshalb durchaus kein besonderes Gewicht auf die am Ende von Abschnitt II vorgeschlagenen revolutionären Maßregeln gelegt. Dieser Passus würde heute in vieler Beziehung anders lauten. Gegenüber der immensen Fortentwicklung der großen Industrie in den letzten fünfundzwanzig Jahren und der mit ihr fortschreitenden Parteiorganisation der Arbeiterklasse, gegenüber den praktischen Erfahrungen, zuerst der Februarrevolution und noch weit mehr der Pariser Kommune[6], wo das Proletariat zum erstenmal zwei Monate lang die politische Gewalt innehatte, ist heute dies Programm stellenweise veraltet. Namentlich hat die Kommune den Beweis geliefert, daß »die Arbeiterklasse nicht die fertige Staatsmaschine einfach in Besitz nehmen und sie für ihre eigenen Zwecke in Bewegung setzen kann«. (Siehe »Der Bürgerkrieg in Frankreich. Adresse des Generalraths der Internationalen Arbeiter-Association«, deutsche Ausgabe, Seite 19[7], wo dies weiter entwickelt ist.) Ferner ist selbstredend, daß die Kritik der sozialistischen Literatur für heute lückenhaft ist, weil sie nur bis 1847 reicht; ebenso, daß die Bemerkungen über die Stellung der Kommunisten zu den verschiedenen Oppositionsparteien (Abschnitt IV), wenn in den Grundzügen auch heute noch richtig, doch in ihrer Ausführung heute schon deswegen veraltet sind, weil die politische Lage sich total umgestaltet und die geschichtliche Entwicklung die meisten der dort aufgezählten Parteien aus der Welt geschafft hat.

Indes, das »Manifest« ist ein geschichtliches Dokument, an dem zu ändern wir uns nicht mehr das Recht zuschreiben. Eine spätere Ausgabe erscheint vielleicht begleitet von einer den Abstand von 1847 bis jetzt überbrückenden Einleitung; der vorliegende Abdruck kam uns zu unerwartet, um uns Zeit dafür zu lassen.

London, 24. Juni 1872   *Karl Marx   Friedrich Engels*

2
Karl Marx
Friedrich Engels
—
[Vorrede zur zweiten russischen Ausgabe von 1882][8]

Die erste russische Ausgabe des »Manifestes der Kommunistischen Partei«, übersetzt von Bakunin, erschien anfangs der sechziger Jahre[9] in der Druckerei des »Kolokol«[10]. Der Westen konnte damals in ihr (der *russischen* Ausgabe des »Manifestes«) nur ein literarisches Kuriosum sehn. Solche Auffassung wäre heute unmöglich.

Welch beschränktes Gebiet damals (Dezember 1847) die proletarische Bewegung noch einnahm, zeigt am klarsten das Schlußkapitel des »Manifests«: Stellung der Kommunisten zu den verschiedenen Oppositionsparteien in den verschiedenen Ländern. Hier fehlen nämlich grad — Rußland und die Vereinigten Staaten. Es war die Zeit, wo Rußland die letzte große Reserve der europäischen Gesamtreaktion bildete; wo die Vereinigten Staaten die proletarische Überkraft Europas durch Einwanderung absorbierten. Beide Länder versorgten Europa mit Rohprodukten und waren zugleich Absatzmärkte seiner Industrieerzeugnisse. Beide Länder waren damals also, in dieser oder jener Weise, Säulen der bestehenden europäischen Ordnung.

Wie ganz anders heute! Grade die europäische Einwanderung befähigte Nordamerika zu einer riesigen Ackerbauproduktion, deren Konkurrenz das europäische Grundeigentum — großes wie kleines — in seinen Grundfesten erschüttert. Sie erlaubte zudem den Vereinigten Staaten, ihre ungeheuren industriellen Hülfsquellen mit einer Energie und auf einer

Stufenleiter auszubeuten, die das bisherige industrielle Monopol Westeuropas und namentlich Englands binnen kurzem brechen muß. Beide Umstände wirken revolutionär auf Amerika selbst zurück. Das kleinere und mittlere Grundeigentum der Farmers, die Basis der ganzen politischen Verfassung, erliegt nach und nach der Konkurrenz der Riesenfarms; in den Industriebezirken entwickelt sich gleichzeitig zum erstenmal ein massenhaftes Proletariat und eine fabelhafte Konzentration der Kapitalien.

Und nun Rußland! Während der Revolution von 1848/49 fanden nicht nur die europäischen Fürsten, auch die europäischen Bourgeois in der russischen Einmischung die einzige Rettung vor dem eben erst erwachenden Proletariat. Der Zar wurde als Chef der europäischen Reaktion proklamiert. Heute ist er Kriegsgefangner der Revolution in Gatschina[11], und Rußland bildet die Vorhut der revolutionären Aktion von Europa.

Das »Kommunistische Manifest« hatte zur Aufgabe, die unvermeidlich bevorstehende Auflösung des modernen bürgerlichen Eigentums zu proklamieren. In Rußland aber finden wir, gegenüber rasch aufblühendem kapitalistischen Schwindel und sich eben erst entwickelndem bürgerlichen Grundeigentum, die größere Hälfte des Bodens im Gemeinbesitz der Bauern. Es fragt sich nun: Kann die russische Obschtschina, eine wenn auch stark untergrabene Form des uralten Gemeinbesitzes am Boden, unmittelbar in die höhere des kommunistischen Gemeinbesitzes übergehn? Oder muß sie umgekehrt vorher denselben Auflösungsprozeß durchlaufen, der die geschichtliche Entwicklung des Westens ausmacht?

Die einzige Antwort hierauf, die heutzutage möglich, ist die: Wird die russische Revolution das Signal einer proletarischen Revolution im Westen, so daß beide einander ergänzen, so kann das jetzige russische Gemeineigentum am Boden zum Ausgangspunkt einer kommunistischen Entwicklung dienen.

London, 21. Januar 1882   *Karl Marx   F. Engels*

Herrn Fr. Engels von der Herausgebern
Im Auftrag, Hochachtungsvoll P. Axelr..

MANIFESTE DU PARTI COMMUNISTE
par Karl MARX et Fr. ENGELS

РУССКАЯ СОЦІАЛЬНО-РЕВОЛЮЦІОННАЯ БИБЛІОТЕКА

Книга Третья

МАНИФЕСТЪ

КОММУНИСТИЧЕСКОЙ ПАРТІИ

Карла Маркса и Фр. Энгельса

ПЕРЕВОДЪ СЪ НѢМЕЦКАГО ИЗДАНІЯ 1872.

Съ предисловіемъ авторовъ

Prix 1 Fr.

ЖЕНЕВА

Вольная Русская Типографія.

1882

Titelblatt der zweiten russischen Ausgabe

3

Friedrich Engels

—

[Vorwort zur dritten deutschen Ausgabe von 1883]

Das Vorwort zur gegenwärtigen Ausgabe muß ich leider allein unterschreiben. Marx, der Mann, dem die gesamte Arbeiterklasse Europas und Amerikas mehr verdankt als irgendeinem andern — Marx ruht auf dem Friedhof zu Highgate, und über sein Grab wächst bereits das erste Gras. Seit seinem Tode kann von einer Umarbeitung oder Ergänzung des »Manifestes« erst recht keine Rede mehr sein. Für um so nötiger halte ich es, hier nochmals das Folgende ausdrücklich festzustellen.

Der durchgehende Grundgedanke des »Manifestes«: daß die ökonomische Produktion und die aus ihr mit Notwendigkeit folgende gesellschaftliche Gliederung einer jeden Geschichtsepoche die Grundlage bildet für die politische und intellektuelle Geschichte dieser Epoche; daß demgemäß (seit Auflösung des uralten Gemeinbesitzes an Grund und Boden) die ganze Geschichte eine Geschichte von Klassenkämpfen gewesen ist, Kämpfen zwischen ausgebeuteten und ausbeutenden, beherrschten und herrschenden Klassen auf verschiedenen Stufen der gesellschaftlichen Entwicklung; daß dieser Kampf aber jetzt eine Stufe erreicht hat, wo die ausgebeutete und unterdrückte Klasse (das Proletariat) sich nicht mehr von der sie ausbeutenden und unterdrückenden Klasse (der Bourgeoisie) befreien kann, ohne zugleich die ganze Gesellschaft für immer von Ausbeutung, Unterdrückung und Klassenkämpfen zu befreien — dieser Grundgedanke gehört einzig und ausschließlich Marx an.[1*]

[1*] »Diesem Gedanken«, sage ich in der Vorrede zur englischen Übersetzung, »der nach meiner Ansicht berufen ist, für die Geschichtswissenschaft denselben Fort-

Ich habe das schon oft ausgesprochen; es ist aber gerade jetzt nötig, daß es auch vor dem »Manifest« selbst steht.

London, 28. Juni 1883   *F. Engels*

schritt zu begründen, den Darwins Theorie für die Naturwissenschaft begründet hat – diesem Gedanken hatten wir beide uns schon mehrere Jahre vor 1845 allmählich genähert. Wieweit ich selbständig mich in dieser Richtung voranbewegt, zeigt meine ›Lage der arbeitenden Klasse in England‹. Als ich aber im Frühjahr 1845 Marx in Brüssel wiedertraf, hatte er ihn fertig ausgearbeitet und legte ihn mir vor in fast ebenso klaren Worten wie die, worin ich ihn oben zusammengefaßt.« *[Anmerkung zur deutschen Ausgabe von 1890.]*

4
Friedrich Engels

—

Vorrede [zur englischen Ausgabe von 1888]

Das »Manifest« wurde als Plattform des Bundes der Kommunisten veröffentlicht, einer anfangs ausschließlich deutschen, später internationalen Arbeiterassoziation, die unter den politischen Verhältnissen des europäischen Kontinents vor 1848 unvermeidlich eine Geheimorganisation war. Auf dem Kongreß des Bundes, der im November 1847 in London stattfand[1], wurden Marx und Engels beauftragt, die Veröffentlichung eines vollständigen theoretischen und praktischen Parteiprogramms in die Wege zu leiten. In deutscher Sprache abgefaßt, wurde das Manuskript im Januar 1848, wenige Wochen vor der französischen Revolution vom 24. Februar[2], nach London zum Druck geschickt. Eine französische Übersetzung wurde kurz vor der Juni-Insurrektion von 1848[4] in Paris herausgebracht. Die erste englische Übersetzung, von Miß Helen Macfarlane besorgt, erschien 1850 in George Julian Harneys »Red Republican«[3] in London. Auch eine dänische und eine polnische Ausgabe wurden veröffentlicht.

Die Niederschlagung der Pariser Juni-Insurrektion von 1848 – dieser ersten großen Schlacht zwischen Proletariat und Bourgeoisie – drängte die sozialen und politischen Bestrebungen der Arbeiterklasse Europas zeitweilig wieder in den Hintergrund. Seitdem spielte sich der Kampf um die Vormachtstellung wieder, wie in der Zeit vor der Februarrevolution, allein zwischen verschiedenen Gruppen der besitzenden Klasse ab; die Arbeiterklasse wurde beschränkt auf einen Kampf um politische Ellbogenfreiheit und auf die Position eines äußersten linken Flügels der radikalen Bourgeoisie. Wo selbständige proletarische Bewegungen fortfuhren, Lebenszeichen von sich zu geben, wurden sie erbarmungslos niedergeschlagen. So spürte die preußische Polizei die Zentralbehörde des Bundes der Kommunisten auf, die damals ihren Sitz in Köln hatte. Die Mitglieder wurden verhaftet und nach achtzehnmonatiger Haft im Oktober 1852 vor Gericht gestellt. Dieser berühmte »Kölner Kommunistenprozeß«[12] dauerte vom 4. Oktober bis 12. November; sieben von den Gefangenen wurden zu Festungshaft für die Dauer von drei bis sechs Jahren verurteilt. Sofort nach dem Urteilsspruch wurde der Bund durch die noch verbliebenen Mitglieder formell aufgelöst. Was das »Manifest« anbelangt, so schien es von da an verdammt zu sein, der Vergessenheit anheimzufallen.

Als die europäische Arbeiterklasse wieder genügend Kraft zu einem neuen Angriff auf die herrschende Klasse gesammelt hatte, entstand die Internationale Arbeiterassoziation[13]. Aber diese Assoziation, die ausdrücklich zu dem Zwecke gegründet wurde, das gesamte kampfgewillte Proletariat Europas und Amerikas zu einer einzigen Körperschaft zusammenzuschweißen, konnte die im »Manifest« niedergelegten Grundsätze nicht sofort proklamieren. Die Internationale mußte ein Programm haben, breit genug, um für die englischen Trade-Unions, für die französischen, belgischen, italienischen und spanischen Anhänger Proudhons und für die Lassalleaner[1*] in Deutschland annehmbar zu sein. Marx, der dieses Programm[14] zur Zufriedenheit aller Parteien abfaßte, hatte volles Vertrauen zur intellektuellen Entwicklung der Arbeiterklasse, einer Entwicklung, wie sie aus der vereinigten Aktion und der gemeinschaftlichen Diskussion notwendig hervorgehn mußte. Die Ereignisse und Wechselfälle im Kampf gegen das Kapital, die Niederlagen noch mehr als die Siege, konnten nicht verfehlen, den Men-

---

[1*] Lassalle persönlich bekannte sich uns gegenüber stets als Schüler von Marx und stand als solcher auf dem Boden des »Manifests«. Jedoch ging er in seiner öffentlichen Agitation in den Jahren 1862–1864 über die Forderung nach Produktivgenossenschaften mit Staatskredit nicht hinaus.

schen die Unzulänglichkeit ihrer diversen Lieblings-Quacksalbereien zum Bewußtsein zu bringen und den Weg zu vollkommener Einsicht in die wirklichen Voraussetzungen der Emanzipation der Arbeiterklasse zu bahnen. Und Marx hatte recht. Als im Jahre 1874 die Internationale zerfiel, ließ sie die Arbeiter schon in einem ganz anderen Zustand zurück, als sie sie bei ihrer Gründung im Jahre 1864 vorgefunden hatte. Der Proudhonismus in Frankreich, der Lassalleanismus in Deutschland waren am Absterben, und auch die konservativen englischen Trade-Unions näherten sich, obgleich sie in ihrer Mehrheit die Verbindung mit der Internationale schon längst gelöst hatten, allmählich dem Punkt, wo ihr Präsident im vergangenen Jahre in Swansea in ihrem Namen erklären konnte: »Der kontinentale Sozialismus hat seine Schrecken für uns verloren.«[15] In der Tat: Die Grundsätze des »Manifests« hatten unter den Arbeitern aller Länder erhebliche Fortschritte gemacht.

Auf diese Weise trat das »Manifest« selbst wieder in den Vordergrund. Der deutsche Text war seit 1850 in der Schweiz, in England und in Amerika mehrmals neu gedruckt worden. Im Jahre 1872 wurde es ins Englische übersetzt, und zwar in New York, wo die Übersetzung in »Woodhull & Claflin's Weekly«[16] veröffentlicht wurde. Auf Grund dieser englischen Fassung wurde in »Le Socialiste«[5] in New York auch eine französische angefertigt[4]. Seitdem sind in Amerika noch mindestens zwei englische Übersetzungen, mehr oder minder entstellt, herausgebracht worden, von denen eine in England nachgedruckt wurde. Die von Bakunin besorgte erste russische Übersetzung wurde etwa um das Jahr 1863 in der Druckerei von Herzens »Kolokol«[10] in Genf herausgegeben[9], eine zweite, gleichfalls in Genf, von der heldenhaften Vera Sassulitsch, 1882[17]. Eine neue dänische Ausgabe findet sich in der »Socialdemokratisk Bibliotek«, Kopenhagen 1885; eine neue französische Übersetzung in »Le Socialiste«[18], Paris 1886. Nach dieser letzteren wurde eine spanische Übersetzung vorbereitet und 1886 in Madrid veröffentlicht. Die Zahl der deutschen

PRICE TWOPENCE.

MANIFESTO

OF THE

COMMUNIST PARTY,

By KARL MARX, and FREDERICK ENGELS.

Authorized English Translation.

EDITED AND ANNOTATED BY FREDERICK ENGELS.
1888.

London:
WILLIAM REEVES, 185, FLEET STREET, E.C.

Titelblatt der englischen Ausgabe

Nachdrucke läßt sich nicht genau angeben, im ganzen waren es mindestens zwölf. Eine Übertragung ins Armenische, die vor einigen Monaten in Konstantinopel herauskommen sollte, erblickte nicht das Licht der Welt, weil, wie man mir mitteilte, der Verleger nicht den Mut hatte, ein Buch herauszubringen, auf dem der Name Marx stand, während der Übersetzer es ablehnte, es als sein eigenes Werk zu bezeichnen. Von weiteren Übersetzungen in andere Sprachen habe ich zwar gehört, sie aber nicht zu Gesicht bekommen. So spiegelt die Geschichte des »Manifestes« in hohem Maße die Geschichte der modernen Arbeiterbewegung wider; gegenwärtig ist es zweifellos das weitest verbreitete, internationalste Werk der ganzen sozialistischen Literatur, ein gemeinsames Programm, das von Millionen Arbeitern von Sibirien bis Kalifornien anerkannt wird.

Und doch hätten wir es, als es geschrieben wurde, nicht ein *sozialistisches* Manifest nennen können. Unter Sozialisten verstand man 1847 einerseits die Anhänger der verschiedenen utopischen Systeme: die Owenisten in England, die Fourieristen in Frankreich, die beide bereits zu bloßen, allmählich aussterbenden Sekten zusammengeschrumpft waren; andererseits die mannigfaltigsten sozialen Quacksalber, die mit allerhand Flickwerk, ohne jede Gefahr für Kapital und Profit, die gesellschaftlichen Mißstände aller Art zu beseitigen versprachen – in beiden Fällen Leute, die außerhalb der Arbeiterbewegung standen und eher Unterstützung bei den »gebildeten« Klassen suchten. Derjenige Teil der Arbeiterklasse, der sich von der Unzulänglichkeit bloßer politischer Umwälzungen überzeugt hatte und die Notwendigkeit einer totalen Umgestaltung der Gesellschaft forderte, dieser Teil nannte sich damals kommunistisch. Es war eine noch rohe, unbehauene, rein instinktive Art Kommunismus; aber er traf den Kardinalpunkt und war in der Arbeiterklasse mächtig genug, um den utopischen Kommunismus zu erzeugen, in Frankreich den von Cabet, in Deutschland den von Weitling. So war denn 1847 Sozialismus eine Bewegung der Mittelklasse, Kommunismus eine Bewegung der Arbeiterklasse. Der Sozialismus war, auf dem Kontinent wenigstens, »salonfähig«; der Kommunismus war das gerade Gegenteil. Und da wir von allem Anfang an der Meinung waren, daß »die Emanzipation der Arbeiterklasse das Werk der Arbeiterklasse selbst sein muß«, so konnte kein Zweifel darüber bestehen, welchen der beiden Namen wir wählen mußten. Ja noch mehr, auch seitdem ist es uns nie in den Sinn gekommen, uns von ihm loszusagen.

Obgleich das »Manifest« unser beider gemeinsame Arbeit war, so halte ich mich doch für verpflichtet festzustellen, daß der Grundgedanke, der seinen Kern bildet, Marx angehört. Dieser Gedanke besteht darin: daß in jeder geschichtlichen Epoche die vorherrschende wirtschaftliche Produktions- und Austauschweise und die aus ihr mit Notwendigkeit folgende gesellschaftliche Gliederung die Grundlage bildet, auf der die politische und die intellektuelle Geschichte dieser Epoche sich aufbaut und aus der allein sie erklärt werden kann; daß demgemäß die ganze Geschichte der Menschheit (seit Aufhebung der primitiven Gentilordnung mit ihrem Gemeinbesitz an Grund und Boden) eine Geschichte von Klassenkämpfen gewesen ist, Kämpfen zwischen ausbeutenden und ausgebeuteten, herrschenden und unterdrückten Klassen; daß die Geschichte dieser Klassenkämpfe eine Entwicklungsreihe darstellt, in der gegenwärtig eine Stufe erreicht ist, wo die ausgebeutete und unterdrückte Klasse – das Proletariat – ihre Befreiung vom Joch der ausbeutenden und herrschenden Klasse – der Bourgeoisie – nicht erreichen kann, ohne zugleich die ganze Gesellschaft ein für allemal von aller Ausbeutung und Unterdrückung, von allen Klassenunterschieden und Klassenkämpfen zu befreien.

Diesem Gedanken, der nach meiner Ansicht berufen ist, für die Geschichtswissenschaft denselben Fortschritt zu begründen, den Darwins Theorie für die Naturwissenschaft begründet hat – diesem Gedanken hatten wir beide uns schon mehrere Jahre vor 1845 allmählich genähert. Wieweit ich selbständig mich in dieser Richtung voranbewegt, zeigt am besten meine

»Lage der arbeitenden Klasse in England«[1*]. Als ich aber im Frühjahr 1845 Marx in Brüssel wiedertraf, hatte er ihn fertig ausgearbeitet und legte ihn mir vor in fast ebenso klaren Worten wie die, worin ich ihn oben zusammengefaßt.

Aus unserem gemeinsamen Vorwort zur deutschen Ausgabe von 1872 zitiere ich das Folgende:

»Wie sehr sich auch die Verhältnisse in den letzten fünfundzwanzig Jahren geändert haben, die in diesem ›Manifest‹ entwickelten allgemeinen Grundsätze behalten im ganzen und großen auch heute noch ihre volle Richtigkeit. Einzelnes wäre hier und da zu bessern. Die praktische Anwendung dieser Grundsätze, erklärt das ›Manifest‹ selbst, wird überall und jederzeit von den geschichtlich vorliegenden Umständen abhängen, und wird deshalb durchaus kein besonderes Gewicht auf die am Ende von Abschnitt II vorgeschlagenen revolutionären Maßregeln gelegt. Dieser Passus würde heute in vieler Beziehung anders lauten. Gegenüber der immensen Fortentwicklung der großen Industrie seit 1848 und der sie begleitenden verbesserten und gewachsenen Organisation der Arbeiterklasse, gegenüber den praktischen Erfahrungen, zuerst der Februarrevolution und noch weit mehr der Pariser Kommune[6], wo das Proletariat zum erstenmal zwei Monate lang die politische Gewalt innehatte, ist heute dies Programm stellenweise veraltet. Namentlich hat die Kommune den Beweis geliefert, daß ›die Arbeiterklasse nicht die fertige Staatsmaschine einfach in Besitz nehmen und sie für ihre eignen Zwecke in Bewegung setzen kann‹. (Siehe ›The Civil War in France. Address of the General Council of the International Working-Men's Association‹, London, Truelove, 1871, p. 15[7], wo dies weiter entwickelt ist.) Ferner ist selbstredend, daß die Kritik der sozialistischen Literatur für heute lückenhaft ist, weil sie nur bis 1847 reicht; ebenso, daß die Bemerkungen über die Stellung der Kommunisten zu den verschiedenen Oppositions-

[1*] »The Condition of the Working Class in England in 1844.« By Frederick Engels. Translated by Florence K. Wischnewetzky, New York, Lovell — London. W. Reeves, 1888.

parteien (Abschnitt IV), wenn in den Grundzügen auch heute noch richtig, doch in ihrer Ausführung heute schon deswegen veraltet sind, weil die politische Lage sich total umgestaltet und die geschichtliche Entwicklung die meisten der dort aufgezählten Parteien aus der Welt geschafft hat.

Indes, das ›Manifest‹ ist ein geschichtliches Dokument, an dem zu ändern wir uns nicht mehr das Recht zuschreiben.«

Die vorliegende Übersetzung stammt von Herrn Samuel Moore, dem Übersetzer des größten Teils von Marx' »Kapital«. Wir haben sie gemeinsam durchgesehen, und ich habe ein paar Fußnoten zur Erklärung geschichtlicher Anspielungen hinzugefügt.

London, 30. Januar 1888   *Friedrich Engels*

5

Friedrich Engels

—

[Vorwort zur vierten deutschen Ausgabe von 1890]

Seit Vorstehendes[19] geschrieben, ist wieder eine neue deutsche Auflage des »Manifestes« nötig geworden, und es hat sich auch allerlei mit dem »Manifest« zugetragen, das hier zu erwähnen ist.

Eine zweite russische Übersetzung – von Vera Sassulitsch – erschien 1882 in Genf[17]; die Vorrede dazu wurde von Marx und mir verfaßt. Leider ist mir das deutsche Originalmanuskript abhanden gekommen, ich muß also aus dem Russischen zurückübersetzen, wodurch die Arbeit keineswegs gewinnt.[8] Sie lautet:

»Die erste russische Ausgabe des ›Manifests der Kommunistischen Partei‹, in Bakunins Übersetzung, erschien anfangs der sechziger Jahre[9] in der Druckerei des ›Kolokol‹[10]. Damals hatte eine russische Ausgabe dieser Schrift für den Westen höchstens die Bedeutung eines literarischen Kuriosums. Heute ist eine solche Auffassung nicht mehr möglich. Einen wie beschränkten Umfang das Verbreitungsgebiet der proletarischen Bewegung hatte zur Zeit der ersten Veröffentlichung des ›Manifests‹ (Januar 1848), zeigt am besten das letzte Kapitel: ›Stellung der Kommunisten zu den verschiedenen oppositionellen Parteien‹. Hier fehlen vor allen Rußland und die Vereinigten Staaten. Es war die Zeit, wo Rußland die letzte große Reserve der europäischen Reaktion bildete und wo die Auswanderung nach den Vereinigten Staaten die überschüssigen Kräfte des europäischen Proletariats absorbierte. Beide Länder versorgten Europa mit Rohstoff und dienten gleichzeitig als Märkte für den Absatz seiner Industrieprodukte. Beide erschienen also, in dieser oder jener Weise, als Stützen der europäischen gesellschaftlichen Ordnung.

Wie hat sich das alles heute geändert! Grade die europäische Auswanderung hat die kolossale Entwicklung des nordamerikanischen Ackerbaus ermöglicht, die durch ihre Konkurrenz das große wie das kleine Grundeigentum in Europa in seinen Grundfesten erschüttert. Sie hat zugleich den Vereinigten Staaten die Möglichkeit gegeben, an die Ausbeutung ihrer reichhaltigen industriellen Hülfsquellen zu gehn, und zwar mit solcher Energie und auf solchem Maßstab, daß dies in kurzer Zeit dem industriellen Monopol des europäischen Westens ein Ende machen muß. Und diese beiden Umstände wirken auch auf Amerika in revolutionärer Richtung zurück. Das kleine und mittlere Grundeigentum der selbstarbeitenden Farmer, die Grundlage der ganzen politischen Ordnung Amerikas, erliegt mehr und mehr der Konkurrenz der Riesenfarmen, während gleichzeitig in den Industriebezirken sich zum erstenmal ein zahlreiches Proletariat bildet neben einer fabelhaften Konzentration der Kapitale.

Gehn wir nach Rußland. Zur Zeit der Revolution von 1848/49 sahen nicht nur die europäischen Monarchen, sondern auch die europäischen Bourgeois in der russischen Intervention die einzige Rettung vor dem damals eben erst seine Kräfte gewahr werdenden Proletariat. Sie proklamierten den Zaren zum Haupt der europäischen Reaktion. Heute sitzt er in Gatschina als Kriegsgefangner der Revolution[11], und Rußland bildet die Vorhut der revolutionären Bewegung Europas.

Die Aufgabe des ›Kommunistischen Manifests‹ war die Proklamation des unvermeidlich bevorstehenden Untergangs des heutigen bürgerlichen Eigentums. In Rußland aber finden wir, neben der sich mit Fieberhast entwickelnden kapitalistischen Ordnung und dem sich eben erst bildenden bürgerlichen Grundeigentum, die größere Hälfte des Bodens im Gemeineigentum der Bauern.

Es fragt sich nun: Kann die russische Bauerngemeinde, diese

allerdings schon sehr zersetzte Form des urwüchsigen Gemeineigentums am Boden, unmittelbar übergehn in eine höhere kommunistische Form des Grundeigentums, oder muß sie vorher denselben Auflösungsprozeß durchmachen, der sich in der historischen Entwicklung des Westens darstellt?

Die einzige heute mögliche Antwort auf diese Frage ist die folgende. Wenn die russische Revolution das Signal zu einer Arbeiterrevolution im Westen wird, so daß beide einander ergänzen, dann kann das heutige russische Gemeineigentum zum Ausgangspunkt einer kommunistischen Entwicklung dienen.

London, 21. Januar 1882.«

Eine neue polnische Übersetzung erschien um dieselbe Zeit in Genf: »Manifest komunistyczny«.

Ferner ist eine neue dänische Übersetzung erschienen in »Socialdemokratisk Bibliotek«, København 1885. Sie ist leider nicht ganz vollständig; einige wesentliche Stellen, die dem Übersetzer Schwierigkeit gemacht zu haben scheinen, sind ausgelassen und auch sonst hier und da Spuren von Flüchtigkeit zu bemerken, die um so unangenehmer auffallen, als man der Arbeit ansieht, daß der Übersetzer bei etwas mehr Sorgfalt Vorzügliches hätte leisten können.

1886 erschien eine neue französische Übersetzung in »Le Socialiste«, Paris[18]; es ist die beste bisher erschienene.

Nach ihr wurde im selben Jahr eine spanische Übertragung zuerst im Madrider »El Socialista«[20] und dann als Broschüre veröffentlicht: »Manifiesto del Partido Comunista« por Carlos Marx y F. Engels, Madrid, Administración de »El Socialista«, Hernán Cortés 8.

Als Kuriosum erwähne ich noch, daß 1887 das Manuskript einer armenischen Übersetzung einem konstantinopolitanischen Verleger angeboten wurde; der gute Mann hatte jedoch nicht den Mut, etwas zu drucken, worauf der Name Marx stand, und meinte, der Übersetzer solle sich lieber selbst als Verfasser nennen, was dieser jedoch ablehnte.

Nachdem bald die eine, bald die andre der mehr oder minder unrichtigen amerikanischen Übersetzungen mehrfach in England wieder abgedruckt worden, erschien endlich eine authentische Übersetzung im Jahre 1888. Sie ist von meinem Freund Samuel Moore und vor dem Druck von uns beiden nochmals zusammen durchgesehn. Der Titel ist: »Manifesto of the Communist Party«, by Karl Marx and Frederick Engels. Authorized English Translation, edited and annotated by Frederick Engels, 1888, London, William Reeves, 185 Fleet St. E. C. Einige der Anmerkungen dieser Ausgabe habe ich in die gegenwärtige herübergenommen.

Das »Manifest« hat einen eignen Lebenslauf gehabt. Im Augenblick seines Erscheinens von der damals noch wenig zahlreichen Vorhut des wissenschaftlichen Sozialismus enthusiastisch begrüßt (wie die in der ersten Vorrede angeführten Übersetzungen beweisen), wurde es bald in den Hintergrund gedrängt durch die mit der Niederlage der Pariser Arbeiter im Juni 1848[4] beginnende Reaktion und schließlich »von Rechts wegen« in Acht und Bann erklärt durch die Verurteilung der Kölner Kommunisten, November 1852[12]. Mit dem Verschwinden der von der Februarrevolution[2] datierenden Arbeiterbewegung von der öffentlichen Bühne trat auch das »Manifest« in den Hintergrund.

Als die europäische Arbeiterklasse sich wieder hinreichend gestärkt hatte zu einem neuen Anlauf gegen die Macht der herrschenden Klassen, entstand die Internationale Arbeiter-Assoziation[13]. Sie hatte zum Zweck, die gesamte streitbare Arbeiterschaft Europas und Amerikas zu *einem* großen Heereskörper zu verschmelzen. Sie konnte daher nicht *ausgehn* von den im »Manifest« niedergelegten Grundsätzen. Sie mußte ein Programm haben, das den englischen Trades Unions, den französischen, belgischen, italienischen und spanischen Proudhonisten und den deutschen Lassalleanern[1*] die Tür nicht

---

[1*] Lassalle bekannte sich persönlich, uns gegenüber, stets als »Schüler« von Marx und stand als solcher selbstredend auf dem Boden des »Manifests«. Anders mit denjenigen seiner Anhänger, die nicht über seine Forderung von Produktivgenossenschaften mit Staatskredit hinausgingen und die ganze Arbeiterklasse einteilten in Staatshülfler und Selbsthülfler.

verschloß. Dies Programm – die Erwägungsgründe zu den Statuten der Internationale[14] – wurde von Marx mit einer selbst von Bakunin und den Anarchisten anerkannten Meisterschaft entworfen. Für den schließlichen Sieg der im »Manifest« aufgestellten Sätze verließ sich Marx einzig und allein auf die intellektuelle Entwicklung der Arbeiterklasse, wie sie aus der vereinigten Aktion und der Diskussion notwendig hervorgehn mußte. Die Ereignisse und Wechselfälle im Kampf gegen das Kapital, die Niederlagen noch mehr als die Erfolge, konnten nicht umhin, den Kämpfenden die Unzulänglichkeit ihrer bisherigen Allerweltsheilmittel klarzulegen und ihre Köpfe empfänglicher zu machen für eine gründliche Einsicht in die wahren Bedingungen der Arbeiteremanzipation. Und Marx hatte recht. Die Arbeiterklasse von 1874, bei der Auflösung der Internationale, war eine ganz andre, als die von 1864, bei ihrer Gründung, gewesen war. Der Proudhonismus in den romanischen Ländern, der spezifische Lassalleanismus in Deutschland waren am Aussterben, und selbst die damaligen stockkonservativen englischen Trades Unions gingen allmählich dem Punkt entgegen, wo 1887 der Präsident ihres Kongresses in Swansea in ihrem Namen sagen konnte: »Der kontinentale Sozialismus hat seine Schrecken für uns verloren.«[15] Der kontinentale Sozialismus, der war aber schon 1887 fast nur noch die Theorie, die im »Manifest« verkündet wird. Und so spiegelt die Geschichte des »Manifests« bis zu einem gewissen Grade die Geschichte der modernen Arbeiterbewegung seit 1848 wider. Gegenwärtig ist es unzweifelhaft das weitest verbreitete, das internationalste Produkt der gesamten sozialistischen Literatur, das gemeinsame Programm vieler Millionen von Arbeitern aller Länder von Sibirien bis Kalifornien.

Und doch, als es erschien, hätten wir es nicht ein *sozialistisches* Manifest nennen dürfen. Unter Sozialisten verstand man 1847 zweierlei Art von Leuten. Einerseits die Anhänger der verschiedenen utopistischen Systeme, speziell die Owenisten in England und die Fourieristen in Frankreich, die beide schon damals zu bloßen, allmählich aussterbenden Sekten zusammengeschrumpft waren. Andrerseits die mannigfaltigsten sozialen Quacksalber, die mit ihren verschiedenen Allerweltheilmitteln und mit jeder Art von Flickarbeit die gesellschaftlichen Mißstände beseitigen wollten, ohne dem Kapital und dem Profit im geringsten wehe zu tun. In beiden Fällen: Leute, die außerhalb der Arbeiterbewegung standen und die vielmehr Unterstützung suchten bei den »gebildeten« Klassen. Derjenige Teil der Arbeiter dagegen, der, von der Unzulänglichkeit bloßer politischer Umwälzungen überzeugt, eine gründliche Umgestaltung der Gesellschaft forderte, der Teil nannte sich damals *kommunistisch*. Es war ein nur im Rauhen gearbeiteter, nur instinktiver, manchmal etwas roher Kommunismus; aber er war mächtig genug, um zwei Systeme des utopischen Kommunismus zu erzeugen, in Frankreich den »ikarischen«[21] Cabets, in Deutschland den von Weitling. Sozialismus bedeutete 1847 eine Bourgeoisbewegung, Kommunismus eine Arbeiterbewegung. Der Sozialismus war, auf dem Kontinent wenigstens, salonfähig, der Kommunismus war das grade Gegenteil. Und da wir schon damals sehr entschieden der Ansicht waren, daß »die Emanzipation der Arbeiter das Werk der Arbeiterklasse selbst sein muß«, so konnten wir keinen Augenblick im Zweifel sein, welchen der beiden Namen zu wählen. Auch seitdem ist es uns nie eingefallen, ihn zurückzuweisen.

»Proletarier aller Länder, vereinigt euch!« Nur wenige Stimmen antworteten, als wir diese Worte in die Welt hinausriefen[22], vor nunmehr 42 Jahren, am Vorabend der ersten Pariser Revolution, worin das Proletariat mit eignen Ansprüchen hervortrat. Aber am 28. September 1864 vereinigten sich Proletarier der meisten westeuropäischen Länder zur Internationalen Arbeiter-Assoziation glorreichen Angedenkens. Die Internationale selbst lebte allerdings nur neun Jahre. Aber daß der von ihr gegründete ewige Bund der Proletarier aller Länder noch lebt, und kräftiger lebt als je, dafür gibt es keinen bessern Zeugen als grade den heutigen Tag. Denn heute, wo ich diese Zeilen schreibe, hält das europäische und amerikanische Proletariat Heerschau über seine zum erstenmal mobil gemachten Streitkräfte, mobil gemacht als *ein* Heer, unter *einer* Fahne und für *ein* nächstes Ziel: den schon vom Genfer Kongreß der Internationale 1866[23] und wiederum vom Pariser Arbeiterkongreß 1889[24] proklamierten, gesetzlich festzustellenden, achtstündigen Normalarbeitstag. Und das Schauspiel des heutigen Tages[25] wird den Kapitalisten und Grundherren aller Länder die Augen darüber öffnen, daß heute die Proletarier aller Länder in der Tat vereinigt sind.

Stände nur Marx noch neben mir, dies mit eignen Augen zu sehn!

London, am 1. Mai 1890   *F. Engels*

6

Friedrich Engels

—

Vorwort [zur zweiten polnischen Ausgabe von 1892][26]

Die Tatsache, daß eine neue polnische Ausgabe des »Kommunistischen Manifests« notwendig geworden, gibt zu verschiedenen Betrachtungen Anlaß.

Zuerst ist bemerkenswert, daß das »Manifest« neuerdings gewissermaßen zu einem Gradmesser geworden ist für die Entwicklung der großen Industrie auf dem europäischen Kontinent. In dem Maß, wie in einem Lande die große Industrie sich ausdehnt, in dem Maß wächst auch unter den Arbeitern desselben Landes das Verlangen nach Aufklärung über ihre Stellung als Arbeiterklasse gegenüber den besitzenden Klassen, breitet sich unter ihnen die sozialistische Bewegung aus und steigt die Nachfrage nach dem »Manifest«, so daß nicht nur der Stand der Arbeiterbewegung, sondern auch der Entwicklungsgrad der großen Industrie in jedem Land mit ziemlicher Genauigkeit abgemessen werden kann an der Zahl der in der Landessprache verbreiteten Exemplare des »Manifests«.

Hiernach bezeichnet die neue polnische Ausgabe einen entschiednen Fortschritt der polnischen Industrie. Und daß dieser Fortschritt, seit der vor zehn Jahren erschienenen letzten Ausgabe, in Wirklichkeit stattgefunden hat, darüber kann kein Zweifel sein. Russisch-Polen, Kongreß-Polen[27], ist der große Industriebezirk des Russischen Reichs geworden. Während die russische Großindustrie sporadisch zerstreut ist — ein Stück am Finnischen Meerbusen, ein Stück im Zentrum (Moskau und Wladimir), ein drittes am Schwarzen und Asowschen Meer, noch andre anderswo zersprengt —, ist die polnische auf verhältnismäßig kleinem Raum zusammengedrängt und genießt die aus dieser Konzentration entspringenden Vorteile und Nachteile. Die Vorteile erkannten die konkurrierenden russischen Fabrikanten an, als sie Schutzzölle gegen Polen verlangten, trotz ihres sehnlichen Wunsches, die Polen in Russen zu verwandeln. Die Nachteile – für die polnischen Fabrikanten und für die russische Regierung – zeigen sich in der rapiden Verbreitung sozialistischer Ideen unter den polnischen Arbeitern und in der steigenden Nachfrage nach dem »Manifest«.

Die rasche Entwicklung der polnischen Industrie, die der russischen über den Kopf gewachsen, ist aber ihrerseits ein neuer Beweis für die unverwüstliche Lebenskraft des polnischen Volks und eine neue Garantie seiner bevorstehenden nationalen Wiederherstellung. Die Wiederherstellung eines unabhängigen starken Polens ist aber eine Sache, die nicht nur die Polen, sondern die uns alle angeht. Ein aufrichtiges internationales Zusammenwirken der europäischen Nationen ist nur möglich, wenn jede dieser Nationen im eignen Hause vollkommen autonom ist. Die Revolution von 1848, die, unter proletarischer Fahne, proletarische Kämpfer schließlich nur die Arbeit der Bourgeoisie tun ließ, setzte auch durch ihre Testamentsvollstrecker Louis Bonaparte und Bismarck die Unabhängigkeit Italiens, Deutschlands, Ungarns durch; aber Polen, das seit 1792 mehr für die Revolution getan als alle diese drei zusammen, Polen überließ man sich selbst, als es 1863 vor der zehnfachen russischen Übermacht erlag[28]. Die Unabhängigkeit Polens hat der Adel weder erhalten noch wiedererkämpfen gekonnt; der Bourgeoisie ist sie heute zum mindesten gleichgültig. Und doch ist sie eine Notwendigkeit für das harmonische Zusammenwirken der europäischen Nationen. Sie kann erkämpft werden nur vom jungen polnischen Proletariat, und in dessen Händen ist sie gut aufgehoben. Denn die Arbeiter des ganzen übrigen Europas haben die Unabhängigkeit Polens ebenso nötig wie die polnischen Arbeiter selbst.

London, 10. Februar 1892   *F. Engels*

Przedmowa do 2go wydania polskiego

———◆·◆·◆———

TEN fakt, że nowe wydanie „Manifestu Komunistycznego" stało się potrzebnem, pobudza do różnych uwag.

Najpierw godnem jest zaznaczenia, że Manifest w ostatnich czasach stał się do pewnego stopnia probierzem rozwoju wielkiego przemysłu na lądzie europejskim. W miarę, jak w pewnym kraju wzrasta wielki przemysł, wpośród robotników tego kraju wzmaga się pragnienie wyjaśnienia swego stanowiska, jako klasy robotniczej w obec klas posiadających, rozszerza się wśród nich ruch socjalistyczny, i rośnie popyt na Manifest. W ten sposób ilością egzemplarzy Manifestu, w języku krajowym rozszerzonych, można z dostateczną ścisłością mierzyć nie

Erste Seite der zweiten polnischen Ausgabe, London 1892

7

Friedrich Engels

—

An den italienischen Leser.
[Vorwort zur italienischen
Ausgabe von 1893][29]

Die Veröffentlichung des »Manifests der Kommunistischen
Partei« fiel fast auf den Tag genau mit dem 18. März 1848
zusammen, mit den Revolutionen von Mailand und Berlin, wo
sich im Zentrum des europäischen Kontinents einerseits und
des Mittelländischen Meeres andrerseits zwei Nationen erhoben, die bis dahin durch territoriale Zerstückelung und in-
neren Hader geschwächt und daher unter Fremdherrschaft
geraten waren. Während Italien dem Kaiser von Österreich
[Ferdinand I.] unterworfen war, hatte Deutschland, wenn auch
nicht so unmittelbar, das nicht minder schwere Joch des Zaren
aller Reußen [Nikolaus I.] zu tragen. Die Auswirkungen des 18.
März 1848 befreiten Italien und Deutschland von dieser
Schmach; wenn beide großen Nationen in der Zeit von 1848
bis 1871 wiederhergestellt und gewissermaßen sich selbst
wiedergegeben wurden, so geschah dies, wie Karl Marx sagte,
deshalb, weil dieselben Leute, die die Revolution von 1848
niederwarfen, dann wider Willen zu ihren Testamentsvoll-
streckern wurden.

Die Revolution war damals überall das Werk der Arbeiterklasse; die Arbeiterklasse war es, die die Barrikaden errichtete
und ihr Leben in die Schanze schlug. Nur die Arbeiter von Paris
hatten, als sie die Regierung stürzten, die ausgesprochene
Absicht, das Bourgeoisregime zu stürzen. Doch so sehr sie sich
auch des unvermeidlichen Antagonismus bewußt waren, der
zwischen ihrer eigenen Klasse und der Bourgeoisie bestand,

hatte weder der wirtschaftliche Fortschritt des Landes noch die geistige Entwicklung der französischen Arbeitermassen jenen Grad erreicht, der eine Umgestaltung der Gesellschaft ermöglicht hätte. Die Früchte der Revolution wurden daher letzten Endes von der Kapitalistenklasse eingeheimst. In den anderen Ländern, in Italien, Deutschland, Österreich, Ungarn, taten die Arbeiter von Anfang an nichts anderes, als die Bourgeoisie an die Macht zu bringen. Aber in keinem Lande ist die Herrschaft der Bourgeoisie ohne nationale Unabhängigkeit möglich. Die Revolution von 1848 mußte somit die Einheit und Unabhängigkeit derjenigen Nationen nach sich ziehen, denen es bis dahin daran gebrach: Italien, Deutschland, Ungarn; Polen wird zu seiner Zeit nachfolgen.

Wenn also die Revolution von 1848 keine sozialistische Revolution war, so ebnete sie dieser doch den Weg, bereitete für sie den Boden vor. Mit der Entwicklung der großen Industrie in allen Ländern hat das Bourgeoisregime in den letzten 45 Jahren allenthalben ein zahlreiches, festgefügtes und starkes Proletariat hervorgebracht, hat es, um einen Ausdruck des »Manifests« zu gebrauchen, seine eignen Totengräber produziert. Ohne Wiederherstellung der Unabhängigkeit und Einheit jeder europäischen Nation hätte sich weder die internationale Vereinigung des Proletariats noch ein ruhiges, verständiges Zusammenwirken dieser Nationen zur Erreichung gemeinsamer Ziele vollziehen können. Man stelle sich einmal ein gemeinsames internationales Vorgehen der italienischen, ungarischen, deutschen, polnischen, russischen Arbeiter unter den politischen Verhältnissen der Zeit vor 1848 vor!

Die Schlachten von 1848 waren also nicht vergebens, nicht vergebens auch die 45 Jahre, die uns von jener revolutionären Etappe trennen. Die Früchte kommen zur Reife, und ich wünschte nur, daß die Veröffentlichung dieser italienischen Übersetzung des »Manifests« ein gutes Vorzeichen für den Sieg des italienischen Proletariats werde, so wie die Veröffentlichung des Originals es für die internationale Revolution war.

Das »Manifest« läßt der revolutionären Rolle, die der Kapitalismus in der Vergangenheit gespielt hat, volle Gerechtigkeit widerfahren. Die erste kapitalistische Nation war Italien. Der Ausgang des feudalen Mittelalters und der Anbruch des modernen kapitalistischen Zeitalters sind durch eine große Gestalt gekennzeichnet – durch den Italiener Dante, der zugleich der letzte Dichter des Mittelalters und der erste Dichter der Neuzeit war. Heute bricht, wie um 1300, ein neues geschichtliches Zeitalter an. Wird uns Italien den neuen Dante schenken, der die Geburtsstunde des proletarischen Zeitalters verkündet?

London, 1. Februar 1893   *Friedrich Engels*

CARLO MARX e FEDERICO ENGELS

—

IL MANIFESTO

DEL

PARTITO COMUNISTA

CON UN NUOVO PROEMIO AL LETTORE ITALIANO

FEDERICO ENGELS

Centesimi 25

MILANO
Uffici della CRITICA SOCIALE
Portici Galleria, N. 23
—
1893
Titelblatt der italienischen Ausgabe

Karl Marx
Friedrich Engels

—

Manifest
der Kommunistischen
Partei

Geschrieben im Dezember 1847/Januar 1848.

Erstmalig veröffentlicht in: Manifest der Kommunistischen Partei, London 1848.

Nach: MEW, Bd. 4, S. 459–493.

Dem Text liegt die vierte deutsche Ausgabe von 1890 zugrunde; inhaltliche Ergänzungen zum Text der englischen Ausgabe von 1888 werden in Fußnoten vermerkt.

Ein Gespenst geht um in Europa – das Gespenst des Kommunismus. Alle Mächte des alten Europa haben sich zu einer heiligen Hetzjagd gegen dies Gespenst verbündet, der Papst und der Zar, Metternich und Guizot, französische Radikale und deutsche Polizisten.

Wo ist die Oppositionspartei, die nicht von ihren regierenden Gegnern als kommunistisch verschrien worden wäre, wo die Oppositionspartei, die den fortgeschritteneren Oppositionsleuten sowohl wie ihren reaktionären Gegnern den brandmarkenden Vorwurf des Kommunismus nicht zurückgeschleudert hätte?

Zweierlei geht aus dieser Tatsache hervor.

Der Kommunismus wird bereits von allen europäischen Mächten als eine Macht anerkannt.

Es ist hohe Zeit, daß die Kommunisten ihre Anschauungsweise, ihre Zwecke, ihre Tendenzen vor der ganzen Welt offen darlegen und dem Märchen vom Gespenst des Kommunismus ein Manifest der Partei selbst entgegenstellen.

Zu diesem Zweck haben sich Kommunisten der verschiedensten Nationalität in London versammelt und das folgende Manifest entworfen, das in englischer, französischer, deutscher, italienischer, flämischer und dänischer Sprache veröffentlicht wird.

I
Bourgeois und Proletarier[1*]

Die Geschichte aller bisherigen Gesellschaft[2*] ist die Geschichte von Klassenkämpfen.

Freier und Sklave, Patrizier und Plebejer, Baron und Leibeigener, Zunftbürger und Gesell, kurz, Unterdrücker und Unterdrückte standen in stetem Gegensatz zueinander, führten einen ununterbrochenen, bald versteckten, bald offenen Kampf, einen Kampf, der jedesmal mit einer revolutionären Umgestaltung der ganzen Gesellschaft endete oder mit dem gemeinsamen Untergang der kämpfenden Klassen.

In den früheren Epochen der Geschichte finden wir fast überall eine vollständige Gliederung der Gesellschaft in verschiedene Stände, eine mannigfaltige Abstufung der gesellschaftlichen Stellungen. Im alten Rom haben wir Patrizier, Ritter, Plebejer, Sklaven; im Mittelalter Feudalherren, Vasal-

---

[1*] Unter Bourgeoisie wird die Klasse der modernen Kapitalisten verstanden, die Besitzer der gesellschaftlichen Produktionsmittel sind und Lohnarbeit ausnutzen. Unter Proletariat die Klasse der modernen Lohnarbeiter, die, da sie keine eigenen Produktionsmittel besitzen, darauf angewiesen sind, ihre Arbeitskraft zu verkaufen, um leben zu können. *[Anmerkung zur englischen Ausgabe von 1888.]*

[2*] Das heißt, genau gesprochen, die *schriftlich* überlieferte Geschichte. 1847 war die Vorgeschichte der Gesellschaft, die gesellschaftliche Organisation, die aller niedergeschriebenen Geschichte vorausging, noch so gut wie unbekannt. Seitdem hat Haxthausen das Gemeineigentum am Boden in Rußland entdeckt, Maurer hat es nachgewiesen als die gesellschaftliche Grundlage, wovon alle deutschen Stämme geschichtlich ausgingen, und allmählich fand man, daß Dorfgemeinden mit gemeinsamem Bodenbesitz die Urform der Gesellschaft waren von Indien bis Irland. Schließlich wurde die innere Organisation dieser urwüchsigen kommunistischen Gesellschaft in ihrer typischen Form bloßgelegt durch Morgans krönende Entdeckung der wahren Natur der Gens und ihrer Stellung im Stamm. Mit der Auflösung dieser ursprünglichen Gemeinwesen beginnt die Spaltung der Gesellschaft in besondre und schließlich einander entgegengesetzte Klassen. *[Anmerkung zur englischen Ausgabe von 1888 und zur deutschen Ausgabe von 1890.]* Ich habe versucht, diesen Auflösungsprozeß in »Der Ursprung der Familie, des Privateigenthums und des Staats« zu verfolgen; zweite Auflage, Stuttgart 1886. *[Anmerkung zur englischen Ausgabe von 1888.]*

len, Zunftbürger, Gesellen, Leibeigene, und noch dazu in fast jeder dieser Klassen wieder besondere Abstufungen.

Die aus dem Untergang der feudalen Gesellschaft hervorgegangene moderne bürgerliche Gesellschaft hat die Klassengegensätze nicht aufgehoben. Sie hat nur neue Klassen, neue Bedingungen der Unterdrückung, neue Gestaltungen des Kampfes an die Stelle der alten gesetzt.

Unsere Epoche, die Epoche der Bourgeoisie, zeichnet sich jedoch dadurch aus, daß sie die Klassengegensätze vereinfacht hat. Die ganze Gesellschaft spaltet sich mehr und mehr in zwei große feindliche Lager, in zwei große, einander direkt gegenüberstehende Klassen: Bourgeoisie und Proletariat.

Aus den Leibeigenen des Mittelalters gingen die Pfahlbürger der ersten Städte hervor; aus dieser Pfahlbürgerschaft entwickelten sich die ersten Elemente der Bourgeoisie.

Die Entdeckung Amerikas, die Umschiffung Afrikas schufen der aufkommenden Bourgeoisie ein neues Terrain. Der ostindische und chinesische Markt, die Kolonisierung von Amerika, der Austausch mit den Kolonien, die Vermehrung der Tauschmittel und der Waren überhaupt gaben dem Handel, der Schiffahrt, der Industrie einen nie gekannten Aufschwung und damit dem revolutionären Element in der zerfallenden feudalen Gesellschaft eine rasche Entwicklung.

Die bisherige feudale oder zünftige Betriebsweise der Industrie reichte nicht mehr aus für den mit neuen Märkten anwachsenden Bedarf. Die Manufaktur trat an ihre Stelle. Die Zunftmeister wurden verdrängt durch den industriellen Mittelstand; die Teilung der Arbeit zwischen den verschiedenen Korporationen verschwand vor der Teilung der Arbeit in der einzelnen Werkstatt selbst.

Aber immer wuchsen die Märkte, immer stieg der Bedarf. Auch die Manufaktur reichte nicht mehr aus. Da revolutionierte der Dampf und die Maschinerie die industrielle Produktion. An die Stelle der Manufaktur trat die moderne große Industrie, an die Stelle des industriellen Mittelstandes traten die industriellen Millionäre, die Chefs ganzer industrieller Armeen, die modernen Bourgeois.

Die große Industrie hat den Weltmarkt hergestellt, den die Entdeckung Amerikas vorbereitete. Der Weltmarkt hat dem Handel, der Schiffahrt, den Landkommunikationen eine unermeßliche Entwicklung gegeben. Diese hat wieder auf die Ausdehnung der Industrie zurückgewirkt, und in demselben Maße, worin Industrie, Handel, Schiffahrt, Eisenbahnen sich ausdehnten, in demselben Maße entwickelte sich die Bourgeoisie, vermehrte sie ihre Kapitalien, drängte sie alle vom Mittelalter her überlieferten Klassen in den Hintergrund.

Wir sehen also, wie die moderne Bourgeoisie selbst das Produkt eines langen Entwicklungsganges, einer Reihe von Umwälzungen in der Produktions- und Verkehrsweise ist.

Jede dieser Entwicklungsstufen der Bourgeoisie war begleitet von einem entsprechenden politischen Fortschritt. Unterdrückter Stand unter der Herrschaft der Feudalherren, bewaffnete und sich selbst verwaltende Assoziation in der Kommune[1*], hier unabhängige städtische Republik[1], dort dritter steuerpflichtiger Stand der Monarchie[2], dann zur Zeit der Manufaktur Gegengewicht gegen den Adel in der ständischen oder in der absoluten Monarchie, Hauptgrundlage der großen Monarchien überhaupt, erkämpfte sie sich endlich seit der Herstellung der großen Industrie und des Weltmarktes im modernen Repräsentativstaat die ausschließliche politische Herrschaft. Die moderne Staatsgewalt ist nur ein Ausschuß, der die gemeinschaftlichen Geschäfte der ganzen Bourgeoisklasse verwaltet.

[1*] »Kommune« nannten sich die in Frankreich entstehenden Städte, sogar bevor sie ihren feudalen Herrn und Meistern lokale Selbstverwaltung und politische Rechte als »Dritter Stand« abzuringen vermochten. Allgemein gesprochen haben wir hier als typisches Land für die ökonomische Entwicklung der Bourgeoisie England, für ihre politische Entwicklung Frankreich angeführt. *[Anmerkung zur englischen Ausgabe von 1888.]*

So nannten die Städtebürger Italiens und Frankreichs ihr städtisches Gemeinwesen, nachdem sie die ersten Selbstverwaltungsrechte ihren Feudalherren abgekauft oder abgezwungen hatten. *[Anmerkung zur deutschen Ausgabe von 1890.]*

[1] Republik (wie in Italien und Deutschland) − [2] Monarchie (wie in Frankreich)

Sozialdemokratische Bibliothek.

XXXIII.

Das
Kommunistische Manifest.

Vierte autorisirte deutsche Ausgabe.

Mit einem neuen Vorwort von Friedrich Engels.

London.
German Cooperative Publishing Co.
114 Kentish Town Road NW.
1890.

Titelblatt der vierten deutschen Ausgabe

Die Bourgeoisie hat in der Geschichte eine höchst revolutionäre Rolle gespielt.

Die Bourgeoisie, wo sie zur Herrschaft gekommen, hat alle feudalen, patriarchalischen, idyllischen Verhältnisse zerstört. Sie hat die buntscheckigen Feudalbande, die den Menschen an seinen natürlichen Vorgesetzten knüpften, unbarmherzig zerrissen und kein anderes Band zwischen Mensch und Mensch übriggelassen als das nackte Interesse, als die gefühllose »bare Zahlung«. Sie hat die heiligen Schauer der frommen Schwärmerei, der ritterlichen Begeisterung, der spießbürgerlichen Wehmut in dem eiskalten Wasser egoistischer Berechnung ertränkt. Sie hat die persönliche Würde in den Tauschwert aufgelöst und an die Stelle der zahllosen verbrieften und wohlerworbenen Freiheiten die *eine* gewissenlose Handelsfreiheit gesetzt. Sie hat, mit einem Wort, an die Stelle der mit religiösen und politischen Illusionen verhüllten Ausbeutung die offene, unverschämte, direkte, dürre Ausbeutung gesetzt.

Die Bourgeoisie hat alle bisher ehrwürdigen und mit frommer Scheu betrachteten Tätigkeiten ihres Heiligenscheins entkleidet. Sie hat den Arzt, den Juristen, den Pfaffen, den Poeten, den Mann der Wissenschaft in ihre bezahlten Lohnarbeiter verwandelt.

Die Bourgeoisie hat dem Familienverhältnis seinen rührendsentimentalen Schleier abgerissen und es auf ein reines Geldverhältnis zurückgeführt.

Die Bourgeoisie hat enthüllt, wie die brutale Kraftäußerung, die die Reaktion so sehr am Mittelalter bewundert, in der trägsten Bärenhäuterei ihre passende Ergänzung fand. Erst sie hat bewiesen, was die Tätigkeit der Menschen zustande bringen kann. Sie hat ganz andere Wunderwerke vollbracht als ägyptische Pyramiden, römische Wasserleitungen und gotische Kathedralen, sie hat ganz andere Züge ausgeführt als Völkerwanderungen und Kreuzzüge.

Die Bourgeoisie kann nicht existieren, ohne die Produktionsinstrumente, also die Produktionsverhältnisse, also sämtliche gesellschaftlichen Verhältnisse fortwährend zu revolutionieren. Unveränderte Beibehaltung der alten Produktionsweise war dagegen die erste Existenzbedingung aller früheren industriellen Klassen. Die fortwährende Umwälzung der Produktion, die ununterbrochene Erschütterung aller gesellschaftlichen Zustände, die ewige Unsicherheit und Bewegung zeichnet die Bourgeoisepoche vor allen anderen aus. Alle festen, eingerosteten Verhältnisse mit ihrem Gefolge von altehrwürdigen Vorstellungen und Anschauungen werden aufgelöst, alle neugebildeten veralten, ehe sie verknöchern können. Alles Ständische und Stehende verdampft, alles Heilige wird entweiht, und die Menschen sind endlich gezwungen, ihre Lebensstellung, ihre gegenseitigen Beziehungen mit nüchternen Augen anzusehn.

Das Bedürfnis nach einem stets ausgedehnteren Absatz für ihre Produkte jagt die Bourgeoisie über die ganze Erdkugel. Überall muß sie sich einnisten, überall anbauen, überall Verbindungen herstellen.

Die Bourgeoisie hat durch ihre Exploitation des Weltmarkts die Produktion und Konsumtion aller Länder kosmopolitisch gestaltet. Sie hat zum großen Bedauern der Reaktionäre den nationalen Boden der Industrie unter den Füßen weggezogen. Die uralten nationalen Industrien sind vernichtet worden und werden noch täglich vernichtet. Sie werden verdrängt durch neue Industrien, deren Einführung eine Lebensfrage für alle zivilisierten Nationen wird, durch Industrien, die nicht mehr einheimische Rohstoffe, sondern den entlegensten Zonen angehörige Rohstoffe verarbeiten und deren Fabrikate nicht nur im Lande selbst, sondern in allen Weltteilen zugleich verbraucht werden. An die Stelle der alten, durch Landeserzeugnisse befriedigten Bedürfnisse treten neue, welche die Produkte der entferntesten Länder und Klimate zu ihrer Befriedigung erheischen. An die Stelle der alten lokalen und nationalen Selbstgenügsamkeit und Abgeschlossenheit tritt ein allseitiger Verkehr, eine allseitige Abhängigkeit der Nationen voneinander. Und wie in der materiellen, so auch in der geistigen Produktion. Die geistigen Erzeugnisse der einzelnen

Nationen werden Gemeingut. Die nationale Einseitigkeit und Beschränktheit wird mehr und mehr unmöglich, und aus den vielen nationalen und lokalen Literaturen bildet sich eine Weltliteratur.

Die Bourgeoisie reißt durch die rasche Verbesserung aller Produktionsinstrumente, durch die unendlich erleichterten Kommunikationen alle, auch die barbarischsten Nationen in die Zivilisation. Die wohlfeilen Preise ihrer Waren sind die schwere Artillerie, mit der sie alle chinesischen Mauern in den Grund schießt, mit der sie den hartnäckigsten Fremdenhaß der Barbaren zur Kapitulation zwingt. Sie zwingt alle Nationen, die Produktionsweise der Bourgeoisie sich anzueignen, wenn sie nicht zugrunde gehn wollen; sie zwingt sie, die sogenannte Zivilisation bei sich selbst einzuführen, d. h. Bourgeois zu werden. Mit einem Wort, sie schafft sich eine Welt nach ihrem eigenen Bilde.

Die Bourgeoisie hat das Land der Herrschaft der Stadt unterworfen. Sie hat enorme Städte geschaffen, sie hat die Zahl der städtischen Bevölkerung gegenüber der ländlichen in hohem Grade vermehrt und so einen bedeutenden Teil der Bevölkerung dem Idiotismus des Landlebens entrissen. Wie sie das Land von der Stadt, hat sie die barbarischen und halbbarbarischen Länder von den zivilisierten, die Bauernvölker von den Bourgeoisvölkern, den Orient vom Okzident abhängig gemacht.

Die Bourgeoisie hebt mehr und mehr die Zersplitterung der Produktionsmittel, des Besitzes und der Bevölkerung auf. Sie hat die Bevölkerung agglomeriert, die Produktionsmittel zentralisiert und das Eigentum in wenigen Händen konzentriert. Die notwendige Folge hiervon war die politische Zentralisation. Unabhängige, fast nur verbündete Provinzen mit verschiedenen Interessen, Gesetzen, Regierungen und Zöllen wurden zusammengedrängt in *eine* Nation, *eine* Regierung, *ein* Gesetz, *ein* nationales Klasseninteresse, *eine* Douanenlinie.

Die Bourgeoisie hat in ihrer kaum hundertjährigen Klassenherrschaft massenhaftere und kolossalere Produktionskräfte geschaffen als alle vergangnen Generationen zusammen. Unterjochung der Naturkräfte, Maschinerie, Anwendung der Chemie auf Industrie und Ackerbau, Dampfschiffahrt, Eisenbahnen, elektrische Telegrafen, Urbarmachung ganzer Weltteile, Schiffbarmachung der Flüsse, ganze aus dem Boden hervorgestampfte Bevölkerungen — welches frühere Jahrhundert ahnte, daß solche Produktionskräfte im Schoße der gesellschaftlichen Arbeit schlummerten.

Wir haben also gesehn: Die Produktions- und Verkehrsmittel, auf deren Grundlage sich die Bourgeoisie heranbildete, wurden in der feudalen Gesellschaft erzeugt. Auf einer gewissen Stufe der Entwicklung dieser Produktions- und Verkehrsmittel entsprachen die Verhältnisse, worin die feudale Gesellschaft produzierte und austauschte, die feudale Organisation der Agrikultur und Manufaktur, mit einem Wort die feudalen Eigentumsverhältnisse den schon entwickelten Produktivkräften nicht mehr. Sie hemmten die Produktion, statt sie zu fördern. Sie verwandelten sich in ebenso viele Fesseln. Sie mußten gesprengt werden, sie wurden gesprengt.

An ihre Stelle trat die freie Konkurrenz mit der ihr angemessenen gesellschaftlichen und politischen Konstitution, mit der ökonomischen und politischen Herrschaft der Bourgeoisklasse.

Unter unsern Augen geht eine ähnliche Bewegung vor. Die bürgerlichen Produktions- und Verkehrsverhältnisse, die bürgerlichen Eigentumsverhältnisse, die moderne bürgerliche Gesellschaft, die so gewaltige Produktions- und Verkehrsmittel hervorgezaubert hat, gleicht dem Hexenmeister, der die unterirdischen Gewalten nicht mehr zu beherrschen vermag, die er heraufbeschwor. Seit Dezennien ist die Geschichte der Industrie und des Handels nur die Geschichte der Empörung der modernen Produktivkräfte gegen die modernen Produktionsverhältnisse, gegen die Eigentumsverhältnisse, welche die Lebensbedingungen der Bourgeoisie und ihrer Herrschaft sind. Es genügt, die Handelskrisen zu nennen, welche in ihrer periodischen Wiederkehr immer drohender die Existenz der ganzen bürgerlichen Gesellschaft in Frage stellen. In den Handelskrisen wird ein großer Teil nicht nur der erzeugten Produkte, sondern der bereits geschaffenen Produktivkräfte regelmäßig vernichtet. In den Krisen bricht eine gesellschaftliche Epidemie aus, welche allen früheren Epochen als ein Widersinn erschienen wäre – die Epidemie der Überproduktion. Die Gesellschaft findet sich plötzlich in einen Zustand momentaner Barbarei zurückversetzt; eine Hungersnot, ein allgemeiner Vernichtungskrieg scheinen ihr alle Lebensmittel abgeschnitten zu haben; die Industrie, der Handel scheinen vernichtet, und warum? Weil sie zuviel Zivilisation, zuviel Lebensmittel, zuviel Industrie, zuviel Handel besitzt. Die Produktivkräfte, die ihr zur Verfügung stehn, dienen nicht mehr zur Beförderung der bürgerlichen Eigentumsverhältnisse; im Gegenteil, sie sind zu gewaltig für diese Verhältnisse geworden, sie werden von ihnen gehemmt; und sobald sie dies Hemmnis überwinden, bringen sie die ganze bürgerliche Gesellschaft in Unordnung, gefährden sie die Existenz des bürgerlichen Eigentums. Die bürgerlichen Verhältnisse sind zu eng geworden, um den von ihnen erzeugten Reichtum zu fassen. – Wodurch überwindet die Bourgeoisie die Krisen? Einerseits durch die erzwungene Vernichtung einer Masse von Produktivkräften; anderseits durch die Eroberung neuer Märkte und die gründlichere Ausbeutung alter Märkte. Wodurch also? Dadurch, daß sie allseitigere und gewaltigere Krisen vorbereitet und die Mittel, den Krisen vorzubeugen, vermindert.

Die Waffen, womit die Bourgeoisie den Feudalismus zu Boden geschlagen hat, richten sich jetzt gegen die Bourgeoisie selbst.

Aber die Bourgeoisie hat nicht nur die Waffen geschmiedet, die ihr den Tod bringen; sie hat auch die Männer gezeugt, die diese Waffen führen werden – die modernen Arbeiter, die *Proletarier*.

In demselben Maße, worin sich die Bourgeoisie, d. h. das Kapital, entwickelt, in demselben Maße entwickelt sich das

Proletariat, die Klasse der modernen Arbeiter, die nur solange leben, als sie Arbeit finden, und die nur so lange Arbeit finden, als ihre Arbeit das Kapital vermehrt. Diese Arbeiter, die sich stückweis verkaufen müssen, sind eine Ware wie jeder andere Handelsartikel und daher gleichmäßig allen Wechselfällen der Konkurrenz, allen Schwankungen des Marktes ausgesetzt.

Die Arbeit der Proletarier hat durch die Ausdehnung der Maschinerie und die Teilung der Arbeit allen selbständigen Charakter und damit allen Reiz für die Arbeiter verloren. Er wird ein bloßes Zubehör der Maschine, von dem nur der einfachste, eintönigste, am leichtesten erlernbare Handgriff verlangt wird. Die Kosten, die der Arbeiter verursacht, beschränken sich daher fast nur auf die Lebensmittel, die er zu seinem Unterhalt und zur Fortpflanzung seiner Race bedarf. Der Preis einer Ware, also auch der Arbeit[30], ist aber gleich ihren Produktionskosten. In demselben Maße, in dem die Widerwärtigkeit der Arbeit wächst, nimmt daher der Lohn ab. Noch mehr, in demselben Maße, wie Maschinerie und Teilung der Arbeit zunehmen, in demselben Maße nimmt auch die Masse der Arbeit zu, sei es durch Vermehrung der Arbeitsstunden, sei es durch Vermehrung der in einer gegebenen Zeit geforderten Arbeit, beschleunigten Lauf der Maschinen usw.

Die moderne Industrie hat die kleine Werkstube des patriarchalischen Meisters in die große Fabrik des industriellen Kapitalisten verwandelt. Arbeitermassen, in der Fabrik zusammengedrängt, werden soldatisch organisiert. Sie werden als gemeine Industriesoldaten unter die Aufsicht einer vollständigen Hierarchie von Unteroffizieren und Offizieren gestellt. Sie sind nicht nur Knechte der Bourgeoisklasse, des Bourgeoisstaates, sie sind täglich und stündlich geknechtet von der Maschine, von dem Aufseher und vor allem von den einzelnen fabrizierenden Bourgeois selbst. Diese Despotie ist um so kleinlicher, gehässiger, erbitternder, je offener sie den Erwerb als ihren Zweck proklamiert.

Je weniger die Handarbeit Geschicklichkeit und Kraftäußerung erheischt, d. h., je mehr die moderne Industrie sich entwickelt, desto mehr wird die Arbeit der Männer durch die der Weiber verdrängt. Geschlechts- und Altersunterschiede haben keine gesellschaftliche Geltung mehr für die Arbeiterklasse. Es gibt nur noch Arbeitsinstrumente, die je nach Alter und Geschlecht verschiedene Kosten machen.

Ist die Ausbeutung des Arbeiters durch den Fabrikanten so weit beendigt, daß er seinen Arbeitslohn bar ausgezahlt erhält, so fallen die anderen Teile der Bourgeoisie über ihn her, der Hausbesitzer, der Krämer, der Pfandleiher usw.

Die bisherigen kleinen Mittelstände, die kleinen Industriellen, Kaufleute und Rentiers, die Handwerker und Bauern, alle diese Klassen fallen ins Proletariat hinab, teils dadurch, daß ihr kleines Kapital für den Betrieb der großen Industrie nicht ausreicht und der Konkurrenz mit den größeren Kapitalisten erliegt, teils dadurch, daß ihre Geschicklichkeit von neuen Produktionsweisen entwertet wird. So rekrutiert sich das Proletariat aus allen Klassen der Bevölkerung.

Das Proletariat macht verschiedene Entwicklungsstufen durch. Sein Kampf gegen die Bourgeoisie beginnt mit seiner Existenz.

Im Anfang kämpfen die einzelnen Arbeiter, dann die Arbeiter einer Fabrik, dann die Arbeiter eines Arbeitszweiges an einem Ort gegen den einzelnen Bourgeois, der sie direkt ausbeutet. Sie richten ihre Angriffe nicht nur gegen die bürgerlichen Produktionsverhältnisse; sie richten sie gegen die Produktionsinstrumente selbst; sie vernichten die fremden konkurrierenden Waren, sie zerschlagen die Maschinen, sie stecken die Fabriken in Brand, sie suchen die untergegangene Stellung des mittelalterlichen Arbeiters wiederzuerringen.

Auf dieser Stufe bilden die Arbeiter eine über das ganze Land zerstreute und durch die Konkurrenz zersplitterte Masse. Massenhaftes Zusammenhalten der Arbeiter ist noch nicht die Folge ihrer eigenen Vereinigung, sondern die Folge der Vereinigung der Bourgeoisie, die zur Erreichung ihrer eigenen politischen Zwecke das ganze Proletariat in Bewegung setzen muß und es einstweilen noch kann. Auf dieser Stufe bekämpfen die Proletarier also nicht ihre Feinde, sondern die Feinde ihrer Feinde, die Reste der absoluten Monarchie, die Grundeigentümer, die nichtindustriellen Bourgeois, die Kleinbürger. Die ganze geschichtliche Bewegung ist so in den Händen der Bourgeoisie konzentriert; jeder Sieg, der so errungen wird, ist ein Sieg der Bourgeoisie.

Aber mit der Entwicklung der Industrie vermehrt sich nicht nur das Proletariat; es wird in größeren Massen zusammengedrängt, seine Kraft wächst, und es fühlt sie mehr. Die Interessen, die Lebenslagen innerhalb des Proletariats gleichen sich immer mehr aus, indem die Maschinerie mehr und mehr die Unterschiede der Arbeit verwischt und den Lohn fast überall auf ein gleich niedriges Niveau herabdrückt. Die wachsende Konkurrenz der Bourgeoisie unter sich und die daraus hervorgehenden Handelskrisen machen den Lohn der Arbeiter immer schwankender; die immer rascher sich entwickelnde, unaufhörliche Verbesserung der Maschinerie macht ihre ganze Lebensstellung immer unsicherer; immer mehr nehmen die Kollisionen zwischen dem einzelnen Arbeiter und dem einzelnen Bourgeois den Charakter von Kollisionen zweier Klassen an. Die Arbeiter beginnen damit, Koalitionen gegen die Bourgeois zu bilden; sie treten zusammen zur Behauptung ihres Arbeitslohns. Sie stiften selbst dauernde Assoziationen, um sich für die gelegentlichen Empörungen zu verproviantieren. Stellenweis bricht der Kampf in Emeuten aus.

Von Zeit zu Zeit siegen die Arbeiter, aber nur vorübergehend. Das eigentliche Resultat ihrer Kämpfe ist nicht der unmittelbare Erfolg, sondern die immer weiter um sich greifende Vereinigung der Arbeiter. Sie wird befördert durch die wachsenden Kommunikationsmittel, die von der großen Industrie erzeugt werden und die Arbeiter der verschiedenen Lokalitäten miteinander in Verbindung setzen. Es bedarf aber bloß der Verbindung, um die vielen Lokalkämpfe von überall gleichem Charakter zu einem nationalen, zu einem Klassenkampf zu zentralisieren. Jeder Klassenkampf ist aber ein politischer Kampf. Und die Vereinigung, zu der die Bürger des

Mittelalters mit ihren Vizinalwegen Jahrhunderte bedurften, bringen die modernen Proletarier mit den Eisenbahnen in wenigen Jahren zustande.

Diese Organisation der Proletarier zur Klasse, und damit zur politischen Partei, wird jeden Augenblick wieder gesprengt durch die Konkurrenz unter den Arbeitern selbst. Aber sie ersteht immer wieder, stärker, fester, mächtiger. Sie erzwingt die Anerkennung einzelner Interessen der Arbeiter in Gesetzesform, indem sie die Spaltungen der Bourgeoisie unter sich benutzt. So die Zehnstundenbill[31] in England.

Die Kollisionen der alten Gesellschaft überhaupt fördern mannigfach den Entwicklungsgang des Proletariats. Die Bourgeoisie befindet sich in fortwährendem Kampfe: anfangs gegen dis Aristokratie; später gegen die Teile der Bourgeoisie selbst, deren Interessen mit dem Fortschritt der Industrie in Widerspruch geraten; stets gegen die Bourgeoisie aller auswärtigen Länder. In allen diesen Kämpfen sieht sie sich genötigt, an das Proletariat zu appellieren, seine Hülfe in Anspruch zu nehmen und es so in die politische Bewegung hineinzureißen. Sie selbst führt also dem Proletariat ihre eigenen Bildungselemente[1], d. h. Waffen gegen sich selbst, zu.

Es werden ferner, wie wir sahen, durch den Fortschritt der Industrie ganze Bestandteile der herrschenden Klasse ins Proletariat hinabgeworfen oder wenigstens in ihren Lebensbedingungen bedroht. Auch sie führen dem Proletariat eine Masse Bildungselemente[2] zu.

In Zeiten endlich, wo der Klassenkampf sich der Entscheidung nähert, nimmt der Auflösungsprozeß innerhalb der herrschenden Klasse, innerhalb der ganzen alten Gesellschaft einen so heftigen, so grellen Charakter an, daß ein kleiner Teil der herrschenden Klasse sich von ihr lossagt und sich der revolutionären Klasse anschließt, der Klasse, welche die Zukunft in ihren Händen trägt. Wie daher früher ein Teil des Adels zur Bourgeoisie überging, so geht jetzt ein Teil der Bourgeoisie zum

[1] politischen und allgemeinen Bildungselemente — [2] Aufklärungs- und Fortschrittselemente

Proletariat über, und namentlich ein Teil der Bourgeoisideologen, welche zum theoretischen Verständnis der ganzen geschichtlichen Bewegung sich hinaufgearbeitet haben.

Von allen Klassen, welche heutzutage der Bourgeoisie gegenüberstehen, ist nur das Proletariat eine wirklich revolutionäre Klasse. Die übrigen Klassen verkommen und gehen unter mit der großen Industrie, das Proletariat ist ihr eigenstes Produkt.

Die Mittelstände, der kleine Industrielle, der kleine Kaufmann, der Handwerker, der Bauer, sie alle bekämpfen die Bourgeoisie, um ihre Existenz als Mittelstände vor dem Untergang zu sichern. Sie sind also nicht revolutionär, sondern konservativ. Noch mehr, sie sind reaktionär, sie suchen das Rad der Geschichte zurückzudrehen. Sind sie revolutionär, so sind sie es im Hinblick auf den ihnen bevorstehenden Übergang ins Proletariat, so verteidigen sie nicht ihre gegenwärtigen, sondern ihre zukünftigen Interessen, so verlassen sie ihren eigenen Standpunkt, um sich auf den des Proletariats zu stellen. –

Das Lumpenproletariat, diese passive Verfaulung der untersten Schichten der alten Gesellschaft, wird durch eine proletarische Revolution stellenweise in die Bewegung hineingeschleudert, seiner ganzen Lebenslage nach wird es bereitwilliger sein, sich zu reaktionären Umtrieben erkaufen zu lassen.

Die Lebensbedingungen der alten Gesellschaft sind schon vernichtet in den Lebensbedingungen des Proletariats. Der Proletarier ist eigentumslos; sein Verhältnis zu Weib und Kindern hat nichts mehr gemein mit dem bürgerlichen Familienverhältnis; die moderne industrielle Arbeit, die moderne Unterjochung unter das Kapital, dieselbe in England wie in Frankreich, in Amerika wie in Deutschland, hat ihm allen nationalen Charakter abgestreift. Die Gesetze, die Moral, die Religion sind für ihn ebenso viele bürgerliche Vorurteile, hinter denen sich ebenso viele bürgerliche Interessen verstecken.

Alle früheren Klassen, die sich die Herrschaft eroberten, suchten ihre schon erworbene Lebensstellung zu sichern, indem sie die ganze Gesellschaft den Bedingungen ihres Erwerbes unterwarfen. Die Proletarier können sich die gesellschaftlichen Produktivkräfte nur erobern, indem sie ihre eigene bisherige Aneignungsweise und damit die ganze bisherige Aneignungsweise abschaffen. Die Proletarier haben nichts von dem Ihrigen zu sichern, sie haben alle bisherigen Privatsicherheiten und Privatversicherungen zu zerstören.

Alle bisherigen Bewegungen waren Bewegungen von Minoritäten oder im Interesse von Minoritäten. Die proletarische Bewegung ist die selbständige Bewegung der ungeheuren Mehrzahl im Interesse der ungeheuren Mehrzahl. Das Proletariat, die unterste Schicht der jetzigen Gesellschaft, kann sich nicht erheben, nicht aufrichten, ohne daß der ganze Überbau der Schichten, die die offizielle Gesellschaft bilden, in die Luft gesprengt wird.

Obgleich nicht dem Inhalt, ist der Form nach der Kampf des Proletariats gegen die Bourgeoisie zunächst ein nationaler. Das Proletariat eines jeden Landes muß natürlich zuerst mit seiner eigenen Bourgeoisie fertigwerden.

Indem wir die allgemeinsten Phasen der Entwicklung des Proletariats zeichneten, verfolgten wir den mehr oder minder versteckten Bürgerkrieg innerhalb der bestehenden Gesellschaft bis zu dem Punkt, wo er in eine offene Revolution ausbricht und durch den gewaltsamen Sturz der Bourgeoisie das Proletariat seine Herrschaft begründet:

Alle bisherige Gesellschaft beruhte, wie wir gesehn haben, auf dem Gegensatz unterdrückender und unterdrückter Klassen. Um aber eine Klasse unterdrücken zu können, müssen ihr Bedingungen gesichert sein, innerhalb derer sie wenigstens ihre knechtische Existenz fristen kann. Der Leibeigene hat sich zum Mitglied der Kommune in der Leibeigenschaft herangearbeitet wie der Kleinbürger zum Bourgeois unter dem Joch des feudalistischen Absolutismus. Der moderne Arbeiter dagegen, statt sich mit dem Fortschritt der Industrie zu heben, sinkt immer tiefer unter die Bedingungen seiner eigenen Klasse herab. Der Arbeiter wird zum Pauper, und der Pauperismus entwickelt sich noch schneller als Bevölkerung und Reichtum. Es tritt hiermit offen hervor, daß die Bourgeoisie unfähig ist, noch länger die herrschende Klasse der Gesellschaft zu bleiben und die Lebensbedingungen ihrer Klasse der Gesellschaft als regelndes Gesetz aufzuzwingen. Sie ist unfähig zu herrschen, weil sie unfähig ist, ihrem Sklaven die Existenz selbst innerhalb seiner Sklaverei zu sichern, weil sie gezwungen ist, ihn in eine Lage herabsinken zu lassen, wo sie ihn ernähren muß, statt von ihm ernährt zu werden. Die Gesellschaft kann nicht mehr unter ihr leben, d. h., ihr Leben ist nicht mehr verträglich mit der Gesellschaft.

Die wesentliche Bedingung für die Existenz und für die Herrschaft der Bourgeoisklasse ist die Anhäufung des Reichtums in den Händen von Privaten, die Bildung und Vermehrung des Kapitals; die Bedingung des Kapitals ist die Lohnarbeit. Die Lohnarbeit beruht ausschließlich auf der Konkurrenz der Arbeiter unter sich. Der Fortschritt der Industrie, dessen willenloser und widerstandsloser Träger die Bourgeoisie ist, setzt an die Stelle der Isolierung der Arbeiter durch die Konkurrenz ihre revolutionäre Vereinigung durch die Assoziation. Mit der Entwicklung der großen Industrie wird also unter den Füßen der Bourgeoisie die Grundlage selbst hinweggezogen, worauf sie produziert und die Produkte sich aneignet. Sie produziert vor allem ihren eignen Totengräber. Ihr Untergang und der Sieg des Proletariats sind gleich unvermeidlich.

II
Proletarier und Kommunisten

In welchem Verhältnis stehn die Kommunisten zu den Proletariern überhaupt?

Die Kommunisten sind keine besondere Partei gegenüber den andern Arbeiterparteien.

Sie haben keine von den Interessen des ganzen Proletariats getrennten Interessen.

Sie stellen keine besonderen Prinzipien auf, wonach sie die proletarische Bewegung modeln wollen.

Die Kommunisten unterscheiden sich von den übrigen proletarischen Parteien nur dadurch, daß sie einerseits in den verschiedenen nationalen Kämpfen der Proletarier die gemeinsamen, von der Nationalität unabhängigen Interessen des gesamten Proletariats hervorheben und zur Geltung bringen, andererseits dadurch, daß sie in den verschiedenen Entwicklungsstufen, welche der Kampf zwischen Proletariat und Bourgeoisie durchläuft, stets das Interesse der Gesamtbewegung vertreten.

Die Kommunisten sind also praktisch der entschiedenste, immer weitertreibende Teil der Arbeiterparteien aller Länder; sie haben theoretisch vor der übrigen Masse des Proletariats die Einsicht in die Bedingungen, den Gang und die allgemeinen Resultate der proletarischen Bewegung voraus.

Der nächste Zweck der Kommunisten ist derselbe wie der aller übrigen proletarischen Parteien: Bildung des Proletariats zur Klasse, Sturz der Bourgeoisieherrschaft, Eroberung der politischen Macht durch das Proletariat.

Die theoretischen Sätze der Kommunisten beruhen keineswegs auf Ideen, auf Prinzipien, die von diesem oder jenem Weltverbesserer erfunden oder entdeckt sind.

Sie sind nur allgemeine Ausdrücke tatsächlicher Verhältnisse eines existierenden Klassenkampfs, einer unter unsern Augen vor sich gehenden geschichtlichen Bewegung. Die Abschaffung bisheriger Eigentumsverhältnisse ist nichts den Kommunismus eigentümlich Bezeichnendes.

Alle Eigentumsverhältnisse waren einem beständigen geschichtlichen Wechsel, einer beständigen geschichtlichen Veränderung unterworfen.

Die Französische Revolution z. B. schaffte das Feudaleigentum zugunsten des bürgerlichen ab.

Was den Kommunismus auszeichnet, ist nicht die Abschaffung des Eigentums überhaupt, sondern die Abschaffung des bürgerlichen Eigentums.

Aber das moderne bürgerliche Privateigentum ist der letzte und vollendetste Ausdruck der Erzeugung und Aneignung der Produkte, die auf Klassengegensätzen, auf der Ausbeutung der einen durch die andern beruht.

In diesem Sinne können die Kommunisten ihre Theorie in dem einen Ausdruck: Aufhebung des Privateigentums, zusammenfassen.

Man hat uns Kommunisten vorgeworfen, wir wollten das persönlich erworbene, selbsterarbeitete Eigentum abschaffen; das Eigentum, welches die Grundlage aller persönlichen Freiheit, Tätigkeit und Selbständigkeit bilde.

Erarbeitetes, erworbenes, selbstverdientes Eigentum! Sprecht ihr von dem kleinbürgerlichen, kleinbäuerlichen Eigentum, welches dem bürgerlichen Eigentum vorherging? Wir brauchen es nicht abzuschaffen, die Entwicklung der Industrie hat es abgeschafft und schafft es täglich ab.

Oder sprecht ihr vom modernen bürgerlichen Privateigentum?

Schafft aber die Lohnarbeit, die Arbeit des Proletariers ihm Eigentum? Keineswegs. Sie schafft das Kapital, d. h. das Eigentum, welches die Lohnarbeit ausbeutet, welches sich nur unter der Bedingung vermehren kann, daß es neue Lohnarbeit erzeugt, um sie von neuem auszubeuten. Das Eigentum in seiner heutigen Gestalt bewegt sich in dem Gegensatz von Kapital und Lohnarbeit. Betrachten wir die beiden Seiten dieses Gegensatzes.

Kapitalist sein, heißt nicht nur eine rein persönliche, sondern eine gesellschaftliche Stellung in der Produktion einnehmen. Das Kapital ist ein gemeinschaftliches Produkt und kann nur durch eine gemeinsame Tätigkeit vieler Mitglieder, ja in letzter Instanz nur durch die gemeinsame Tätigkeit aller Mitglieder der Gesellschaft in Bewegung gesetzt werden.

Das Kapital ist also keine persönliche, es ist eine gesellschaftliche Macht.

Wenn also das Kapital in gemeinschaftliches, allen Mitgliedern der Gesellschaft angehöriges Eigentum verwandelt wird, so verwandelt sich nicht persönliches Eigentum in gesellschaftliches. Nur der gesellschaftliche Charakter des Eigentums verwandelt sich. Er verliert seinen Klassencharakter.

Kommen wir zur Lohnarbeit:

Der Durchschnittspreis der Lohnarbeit ist das Minimum des Arbeitslohnes, d.h. die Summe der Lebensmittel, die notwendig sind, um den Arbeiter als Arbeiter am Leben zu erhalten. Was also der Lohnarbeiter durch seine Tätigkeit sich aneignet, reicht bloß dazu hin, um sein nacktes Leben wieder zu erzeugen. Wir wollen diese persönliche Aneignung der Arbeitsprodukte zur Wiedererzeugung des unmittelbaren Lebens keineswegs abschaffen, eine Aneignung, die keinen Reinertrag übrigläßt, der Macht über fremde Arbeit geben könnte. Wir wollen nur den elenden Charakter dieser Aneignung aufheben, worin der Arbeiter nur lebt, um das Kapital zu vermehren, nur so weit lebt, wie es das Interesse der herrschenden Klasse erheischt.

In der bürgerlichen Gesellschaft ist die lebendige Arbeit nur ein Mittel, die aufgehäufte Arbeit zu vermehren. In der kommunistischen Gesellschaft ist die aufgehäufte Arbeit nur ein Mittel, um den Lebensprozeß der Arbeiter zu erweitern, zu bereichern, zu befördern.

In der bürgerlichen Gesellschaft herrscht also die Vergangenheit über die Gegenwart, in der kommunistischen die Gegenwart über die Vergangenheit. In der bürgerlichen Gesellschaft ist das Kapital selbständig und persönlich, während das tätige Individuum unselbständig und unpersönlich ist.

Und die Aufhebung dieses Verhältnisses nennt die Bourgeoisie Aufhebung der Persönlichkeit und Freiheit! Und mit Recht. Es handelt sich allerdings um die Aufhebung der Bourgeois-Persönlichkeit, -Selbständigkeit und -Freiheit.

Unter Freiheit versteht man innerhalb der jetzigen bürgerlichen Produktionsverhältnisse den freien Handel, den freien Kauf und Verkauf.

Fällt aber der Schacher, so fällt auch der freie Schacher. Die Redensarten vom freien Schacher, wie alle übrigen Freiheitsbravaden unserer Bourgeoisie, haben überhaupt nur einen Sinn gegenüber dem gebundenen Schacher, gegenüber dem geknechteten Bürger des Mittelalters, nicht aber gegenüber der kommunistischen Aufhebung des Schachers, der bürgerlichen Produktionsverhältnisse und der Bourgeoisie selbst.

Ihr entsetzt euch darüber, daß wir das Privateigentum aufheben wollen. Aber in eurer bestehenden Gesellschaft ist das Privateigentum für neun Zehntel ihrer Mitglieder aufgehoben; es existiert gerade dadurch, daß es für neun Zehntel nicht existiert. Ihr werft uns also vor, daß wir ein Eigentum aufheben wollen, welches die Eigentumslosigkeit der ungeheuren Mehrzahl der Gesellschaft als notwendige Bedingung voraussetzt.

Ihr werft uns mit einem Worte vor, daß wir euer Eigentum aufheben wollen. Allerdings, das wollen wir.

Von dem Augenblick an, wo die Arbeit nicht mehr in Kapital, Geld, Grundrente, kurz, in eine monopolisierbare gesellschaftliche Macht verwandelt werden kann, d. h. von dem Augenblick, wo das persönliche Eigentum nicht mehr in bürgerliches umschlagen kann, von dem Augenblick an erklärt ihr, die Person sei aufgehoben.

Ihr gesteht also, daß ihr unter der Person niemanden anders versteht als den Bourgeois, den bürgerlichen Eigentümer. Und diese Person soll allerdings aufgehoben werden.

Der Kommunismus nimmt keinem die Macht, sich gesellschaftliche Produkte anzueignen, er nimmt nur die Macht, sich durch diese Aneignung fremde Arbeit zu unterjochen.

Man hat eingewendet, mit der Aufhebung des Privateigentums werde alle Tätigkeit aufhören und eine allgemeine Faulheit einreißen.

Hiernach müßte die bürgerliche Gesellschaft längst an der Trägheit zugrunde gegangen sein; denn *die* in ihr arbeiten, erwerben nicht, und *die* in ihr erwerben, arbeiten nicht. Das ganze Bedenken läuft auf die Tautologie hinaus, daß es keine Lohnarbeit mehr gibt, sobald es kein Kapital mehr gibt.

Alle Einwürfe, die gegen die kommunistische Aneignungs- und Produktionsweise der materiellen Produkte gerichtet werden, sind ebenso auf die Aneignung und Produktion der geistigen Produkte ausgedehnt worden. Wie für den Bourgeois das Aufhören des Klasseneigentums das Aufhören der Produktion selbst ist, so ist für ihn das Aufhören der Klassenbildung identisch mit dem Aufhören der Bildung überhaupt.

Die Bildung, deren Verlust er bedauert, ist für die enorme Mehrzahl die Heranbildung zur Maschine.

Aber streitet nicht mit uns, indem ihr an euren bürgerlichen Vorstellungen von Freiheit, Bildung, Recht usw. die Abschaffung des bürgerlichen Eigentums meßt. Eure Ideen selbst sind Erzeugnisse der bürgerlichen Produktions- und Eigentumsverhältnisse, wie euer Recht nur der zum Gesetz erhobene Wille eurer Klasse ist, ein Wille, dessen Inhalt gegeben ist in den materiellen Lebensbedingungen eurer Klasse.

Die interessierte Vorstellung, worin ihr eure Produktions- und Eigentumsverhältnisse aus geschichtlichen, in dem Lauf der Produktion vorübergehenden Verhältnissen in ewige Natur- und Vernunftgesetze verwandelt, teilt ihr mit allen untergegangenen herrschenden Klassen. Was ihr für das antike Eigentum begreift, was ihr für das feudale Eigentum begreift, dürft ihr nicht mehr begreifen für das bürgerliche Eigentum. –

Aufhebung der Familie! Selbst die Radikalsten ereifern sich über diese schändliche Absicht der Kommunisten.

Worauf beruht die gegenwärtige, die bürgerliche Familie? Auf dem Kapital, auf dem Privaterwerb. Vollständig entwickelt existiert sie nur für die Bourgeoisie; aber sie findet ihre Ergänzung in der erzwungenen Familienlosigkeit der Proletarier und der öffentlichen Prostitution.

Die Familie der Bourgeois fällt natürlich weg mit dem Wegfallen dieser ihrer Ergänzung, und beide verschwinden mit dem Verschwinden des Kapitals.

Werft ihr uns vor, daß wir die Ausbeutung der Kinder durch ihre Eltern aufheben wollen? Wir gestehen dieses Verbrechen ein.

Aber, sagt ihr, wir heben die trautesten Verhältnisse auf,

indem wir an die Stelle der häuslichen Erziehung die gesellschaftliche setzen.

Und ist nicht auch eure Erziehung durch die Gesellschaft bestimmt? Durch die gesellschaftlichen Verhältnisse, innerhalb derer ihr erzieht, durch die direktere oder indirektere Einmischung der Gesellschaft, vermittelst der Schule usw.? Die Kommunisten erfinden nicht die Einwirkung der Gesellschaft auf die Erziehung; sie verändern nur ihren Charakter, sie entreißen die Erziehung dem Einfluß der herrschenden Klasse.

Die bürgerlichen Redensarten über Familie und Erziehung, über das traute Verhältnis von Eltern und Kindern werden um so ekelhafter, je mehr infolge der großen Industrie alle Familienbande für die Proletarier zerrissen und die Kinder in einfache Handelsartikel und Arbeitsinstrumente verwandelt werden.

Aber ihr Kommunisten wollt die Weibergemeinschaft einführen, schreit uns die ganze Bourgeoisie im Chor entgegen.

Der Bourgeois sieht in seiner Frau ein bloßes Produktionsinstrument. Er hört, daß die Produktionsinstrumente gemeinschaftlich ausgebeutet werden sollen, und kann sich natürlich nichts anderes denken, als daß das Los der Gemeinschaftlichkeit die Weiber gleichfalls treffen wird.

Er ahnt nicht, daß es sich eben darum handelt, die Stellung der Weiber als bloßer Produktionsinstrumente aufzuheben.

Übrigens ist nichts lächerlicher als das hochmoralische Entsetzen unserer Bourgeois über die angebliche offizielle Weibergemeinschaft der Kommunisten. Die Kommunisten brauchen die Weibergemeinschaft nicht einzuführen, sie hat fast immer existiert.

Unsere Bourgeois, nicht zufrieden damit, daß ihnen die Weiber und Töchter ihrer Proletarier zur Verfügung stehen, von der offiziellen Prostitution gar nicht zu sprechen, finden ein Hauptvergnügen darin, ihre Ehefrauen wechselseitig zu verführen.

Die bürgerliche Ehe ist in Wirklichkeit die Gemeinschaft der Ehefrauen. Man könnte höchstens den Kommunisten vorwerfen, daß sie an Stelle einer heuchlerisch versteckten eine offizielle, offenherzige Weibergemeinschaft einführen wollten. Es versteht sich übrigens von selbst, daß mit Aufhebung der jetzigen Produktionsverhältnisse auch die aus ihnen hervorgehende Weibergemeinschaft, d. h. die offizielle und nichtoffizielle Prostitution, verschwindet.

Den Kommunisten ist ferner vorgeworfen worden, sie wollten das Vaterland, die Nationalität abschaffen.

Die Arbeiter haben kein Vaterland. Man kann ihnen nicht nehmen, was sie nicht haben. Indem das Proletariat zunächst sich die politische Herrschaft erobern, sich zur [1]nationalen Klasse[2] erheben, sich selbst als Nation konstituieren muß, ist es selbst noch national, wenn auch keineswegs im Sinne der Bourgeoisie.

Die nationalen Absonderungen und Gegensätze der Völker verschwinden mehr und mehr schon mit der Entwicklung der Bourgeoisie, mit der Handelsfreiheit, dem Weltmarkt, der Gleichförmigkeit der industriellen Produktion und der ihr entsprechenden Lebensverhältnisse.

Die Herrschaft des Proletariats wird sie noch mehr verschwinden machen. Vereinigte Aktion, wenigstens der zivilisierten Länder, ist eine der ersten Bedingungen seiner Befreiung.

In dem Maße, wie die Exploitation des einen Individuums durch das andere aufgehoben wird, wird die Exploitation einer Nation durch die andere aufgehoben.

Mit dem Gegensatz der Klassen im Innern der Nation fällt die feindliche Stellung der Nationen gegeneinander.

Die Anklagen gegen den Kommunismus, die von religiösen, philosophischen und ideologischen Gesichtspunkten überhaupt erhoben werden, verdienen keine ausführlichere Erörterung.

Bedarf es tiefer Einsicht, um zu begreifen, daß mit den Lebensverhältnissen der Menschen, mit ihren gesellschaftlichen Beziehungen, mit ihrem gesellschaftlichen Dasein, auch

---

1-2 führenden Klasse der Nation

ihre Vorstellungen, Anschauungen und Begriffe, mit einem Worte auch ihr Bewußtsein sich ändert?

Was beweist die Geschichte der Ideen anders, als daß die geistige Produktion sich mit der materiellen umgestaltet? Die herrschenden Ideen einer Zeit waren stets nur die Ideen der herrschenden Klasse.

Man spricht von Ideen, welche eine ganze Gesellschaft revolutionieren; man spricht damit nur die Tatsache aus, daß sich innerhalb der alten Gesellschaft die Elemente einer neuen gebildet haben, daß mit der Auflösung der alten Lebensverhältnisse die Auflösung der alten Ideen gleichen Schritt hält.

Als die alte Welt im Untergehen begriffen war, wurden die alten Religionen von der christlichen Religion besiegt. Als die christlichen Ideen im 18. Jahrhundert den Aufklärungsideen unterlagen, rang die feudale Gesellschaft ihren Todeskampf mit der damals revolutionären Bourgeoisie. Die Ideen der Gewissens- und Religionsfreiheit sprachen nur die Herrschaft der freien Konkurrenz auf dem Gebiete des Wissens aus.

»Aber«, wird man sagen, »religiöse, moralische, philosophische, politische, rechtliche Ideen usw. modifizierten sich allerdings im Lauf der geschichtlichen Entwicklung. Die Religion, die Moral, die Philosophie, die Politik, das Recht erhielten sich stets in diesem Wechsel.

Es gibt zudem ewige Wahrheiten, wie Freiheit, Gerechtigkeit usw., die allen gesellschaftlichen Zuständen gemeinsam sind. Der Kommunismus aber schafft die ewigen Wahrheiten ab, er schafft die Religion ab, die Moral, statt sie neu zu gestalten, er widerspricht also allen bisherigen geschichtlichen Entwicklungen.«

Worauf reduziert sich diese Anklage? Die Geschichte der ganzen bisherigen Gesellschaft bewegte sich in Klassengegensätzen, die in den verschiedenen Epochen verschieden gestaltet waren.

Welche Form sie aber auch immer angenommen, die Ausbeutung des einen Teils der Gesellschaft durch den andern ist eine allen vergangenen Jahrhunderten gemeinsame Tatsache.

Kein Wunder daher, daß das gesellschaftliche Bewußtsein aller Jahrhunderte, aller Mannigfaltigkeit und Verschiedenheit zum Trotz, in gewissen gemeinsamen Formen sich bewegt, in Bewußtseinsformen, die nur mit dem gänzlichen Verschwinden des Klassengegensatzes sich vollständig auflösen.

Die kommunistische Revolution ist das radikalste Brechen mit den überlieferten Eigentumsverhältnissen; kein Wunder, daß in ihrem Entwicklungsgange am radikalsten mit den überlieferten Ideen gebrochen wird.

Doch lassen wir die Einwürfe der Bourgeoisie gegen den Kommunismus.

Wir sahen schon oben, daß der erste Schritt in der Arbeiterrevolution die Erhebung des Proletariats zur herrschenden Klasse, die Erkämpfung der Demokratie ist.

Das Proletariat wird seine politische Herrschaft dazu benutzen, der Bourgeoisie nach und nach alles Kapital zu entreißen, alle Produktionsinstrumente in den Händen des Staats, d. h. des als herrschende Klasse organisierten Proletariats, zu zentralisieren und die Masse der Produktionskräfte möglichst rasch zu vermehren.

Es kann dies natürlich zunächst nur geschehn vermittelst despotischer Eingriffe in das Eigentumsrecht und in die bürgerlichen Produktionsverhältnisse, durch Maßregeln also, die ökonomisch unzureichend und unhaltbar erscheinen, die aber im Lauf der Bewegung über sich selbst hinaustreiben und als Mittel zur Umwälzung der ganzen Produktionsweise unvermeidlich sind.

Diese Maßregeln werden natürlich je nach den verschiedenen Ländern verschieden sein.

Für die fortgeschrittensten Länder werden jedoch die folgenden ziemlich allgemein in Anwendung kommen können:

1. Expropriation des Grundeigentums und Verwendung der Grundrente zu Staatsausgaben.

2. Starke Progressivsteuer.

3. Abschaffung des Erbrechts.

4. Konfiskation des Eigentums aller Emigranten und Rebellen.

5. Zentralisation des Kredits in den Händen des Staats durch eine Nationalbank mit Staatskapital und ausschließlichem Monopol.

6. Zentralisation des Transportwesens in den Händen des Staats.

7. Vermehrung der Nationalfabriken, Produktionsinstrumente, Urbarmachung und Verbesserung der Ländereien nach einem gemeinschaftlichen Plan.

8. Gleicher Arbeitszwang für alle, Errichtung industrieller Armeen, besonders für den Ackerbau.

9. Vereinigung des Betriebs von Ackerbau und Industrie, Hinwirken auf die allmähliche Beseitigung des Unterschieds von Stadt und Land.

10. Öffentliche und unentgeltliche Erziehung aller Kinder. Beseitigung der Fabrikarbeit der Kinder in ihrer heutigen Form. Vereinigung der Erziehung mit der materiellen Produktion usw.

Sind im Laufe der Entwickelung die Klassenunterschiede verschwunden und ist alle Produktion in den Händen der assoziierten Individuen konzentriert, so verliert die öffentliche Gewalt den politischen Charakter. Die politische Gewalt im eigentlichen Sinne ist die organisierte Gewalt einer Klasse zur Unterdrückung einer andern. Wenn das Proletariat im Kampfe gegen die Bourgeoisie sich notwendig zur Klasse vereint, durch eine Revolution sich zur herrschenden Klasse macht und als herrschende Klasse gewaltsam die alten Produktionsverhältnisse aufhebt, so hebt es mit diesen Produktionsverhältnissen die Existenzbedingungen des Klassengegensatzes, die Klassen überhaupt und damit seine eigene Herrschaft als Klasse auf.

An die Stelle der alten bürgerlichen Gesellschaft mit ihren Klassen und Klassengegensätzen tritt eine Assoziation, worin die freie Entwicklung eines jeden die Bedingung für die freie Entwicklung aller ist.

III

Sozialistische und kommunistische Literatur

1. Der reaktionäre Sozialismus

a) Der feudale Sozialismus

Die französische und englische Aristokratie war ihrer geschichtlichen Stellung nach dazu berufen, Pamphlete gegen die
moderne bürgerliche Gesellschaft zu schreiben. In der französischen Julirevolution von 1830[32], in der englischen Reform-
bewegung[33] war sie noch einmal dem verhaßten Em-
porkömmling erlegen. Von einem ernsten politischen Kampfe
konnte nicht mehr die Rede sein. Nur der literarische Kampf
blieb ihr übrig. Aber auch auf dem Gebiete der Literatur waren
die alten Redensarten der Restaurationszeit[1*] unmöglich geworden. Um Sympathie zu erregen, mußte die Aristokratie
scheinbar ihre Interessen aus dem Auge verlieren und nur im
Interesse der exploitierten Arbeiterklasse ihren Anklageakt
gegen die Bourgeoisie formulieren. Sie bereitete so die Ge-
nugtuung vor, Schmählieder auf ihren neuen Herrscher singen
und mehr oder minder unheilschwangere Prophezeiungen ihm
ins Ohr raunen zu dürfen.

Auf diese Art entstand der feudalistische Sozialismus, halb
Klagelied, halb Pasquill, halb Rückhall der Vergangenheit, halb
Dräuen der Zukunft, mitunter die Bourgeoisie ins Herz tref-
fend durch bitteres, geistreich zerreißendes Urteil, stets ko-
misch wirkend durch gänzliche Unfähigkeit, den Gang der
modernen Geschichte zu begreifen.

Den proletarischen Bettelsack schwenkten sie als Fahne in
der Hand, um das Volk hinter sich her zu versammeln. Sooft
es ihnen aber folgte, erblickte es auf ihrem Hintern die alten
feudalen Wappen und verlief sich mit lautem und unehrerbie-
tigem Gelächter.

[1*] Gemeint ist nicht die englische Restaurationszeit 1660–1689, sondern die
französische Restaurationszeit 1814–1830. *[Anmerkung zur englischen Ausgabe
von 1888.]*

Ein Teil der französischen Legitimisten[34] und das Junge England[35] gaben dies Schauspiel zum besten.

Wenn die Feudalen beweisen, daß ihre Weise der Ausbeutung anders gestaltet war als die bürgerliche Ausbeutung, so vergessen sie nur, daß sie unter gänzlich verschiedenen und jetzt überlebten Umständen und Bedingungen ausbeuteten. Wenn sie nachweisen, daß unter ihrer Herrschaft nicht das moderne Proletariat existiert hat, so vergessen sie nur, daß eben die moderne Bourgeoisie ein notwendiger Sprößling ihrer Gesellschaftsordnung war.

Übrigens verheimlichen sie den reaktionären Charakter ihrer Kritik so wenig, daß ihre Hauptanklage gegen die Bourgeoisie eben darin besteht, unter ihrem Regime entwickle sich eine Klasse, welche die ganze alte Gesellschaftsordnung in die Luft sprengen werde.

Sie werfen der Bourgeoisie mehr noch vor, daß sie ein revolutionäres Proletariat, als daß sie überhaupt ein Proletariat erzeugt.

In der politischen Praxis nehmen sie daher an allen Gewaltmaßregeln gegen die Arbeiterklasse teil, und im gewöhnlichen Leben bequemen sie sich, allen ihren aufgeblähten Redensarten zum Trotz die goldnen Äpfel[1] aufzulesen und Treue, Liebe, Ehre mit dem Schacher in Schafswolle, Runkelrüben und Schnaps zu vertauschen.[1*]

Wie der Pfaffe immer Hand in Hand ging mit dem Feudalen, so der pfäffische Sozialismus mit dem feudalistischen.

Nichts leichter, als dem christlichen Asketismus einen sozialistischen Anstrich zu geben. Hat das Christentum nicht auch

[1*] Dies bezieht sich hauptsächlich auf Deutschland, wo der Landadel und das Junkertum einen großen Teil ihrer Güter auf eigene Rechnung durch ihre Verwalter bewirtschaften lassen und daneben noch Großproduzenten von Rübenzucker und Kartoffelschnaps sind. Die reicheren englischen Aristokraten sind noch nicht so weit heruntergekommen; aber auch sie wissen, wie man das Sinken der Rente wettmachen kann durch die Hergabe ihres Namens an mehr oder weniger zweifelhafte Gründer von Aktiengesellschaften. *[Anmerkung zur englischen Ausgabe von 1888.]*

[1] Äpfel, die vom Baum der Industrie abgefallen sind,

gegen das Privateigentum, gegen die Ehe, gegen den Staat geeifert? Hat es nicht die Wohltätigkeit und den Bettel, das Zölibat und die Fleischesertötung, das Zellenleben und die Kirche an ihrer Stelle gepredigt? Der christliche Sozialismus ist nur das Weihwasser, womit der Pfaffe den Ärger des Aristokraten einsegnet.

b) Kleinbürgerlicher Sozialismus

Die feudale Aristokratie ist nicht die einzige Klasse, welche durch die Bourgeoisie gestürzt wurde, deren Lebensbedingungen in der modernen bürgerlichen Gesellschaft verkümmerten und abstarben. Das mittelalterliche Pfahlbürgertum und der kleine Bauernstand waren die Vorläufer der modernen Bourgeoisie. In den weniger industriell und kommerziell entwikkelten Ländern vegetiert diese Klasse noch fort neben der aufkommenden Bourgeoisie.

In den Ländern, wo sich die moderne Zivilisation entwickelt hat, hat sich eine neue Kleinbürgerschaft gebildet, die zwischen dem Proletariat und der Bourgeoisie schwebt und als ergänzender Teil der bürgerlichen Gesellschaft stets von neuem sich bildet, deren Mitglieder aber beständig durch die Konkurrenz ins Proletariat hinabgeschleudert werden, ja selbst mit der Entwicklung der großen Industrie einen Zeitpunkt herannahen sehn, wo sie als selbständiger Teil der modernen Gesellschaft gänzlich verschwinden und im Handel, in der Manufaktur, in der Agrikultur durch Arbeitsaufseher und Domestiken ersetzt werden.

In Ländern wie in Frankreich, wo die Bauernklasse weit mehr als die Hälfte der Bevölkerung ausmacht, war es natürlich, daß Schriftsteller, die für das Proletariat gegen die Bourgeoisie auftraten, an ihre Kritik des Bourgeoisregimes den kleinbürgerlichen und kleinbäuerlichen Maßstab anlegten und die Partei der Arbeiter vom Standpunkt des Kleinbürgertums ergriffen. Es bildete sich so der kleinbürgerliche Sozialismus. Sismondi ist das Haupt dieser Literatur nicht nur für Frankreich, sondern auch für England.

Dieser Sozialismus zergliederte höchst scharfsinnig die Widersprüche in den modernen Produktionsverhältnissen. Er enthüllte die gleisnerischen Beschönigungen der Ökonomen. Er wies unwiderleglich die zerstörenden Wirkungen der Maschinerie und der Teilung der Arbeit nach, die Konzentration der Kapitalien und des Grundbesitzes, die Überproduktion, die Krisen, den notwendigen Untergang der kleinen Bürger und Bauern, das Elend des Proletariats, die Anarchie in der Produktion, die schreienden Mißverhältnisse in der Verteilung des Reichtums, den industriellen Vernichtungskrieg der Nationen untereinander, die Auflösung der alten Sitten, der alten Familienverhältnisse, der alten Nationalitäten.

Seinem positiven Gehalte nach will jedoch dieser Sozialismus entweder die alten Produktions- und Verkehrsmittel wiederherstellen und mit ihnen die alten Eigentumsverhältnisse und die alte Gesellschaft, oder er will die modernen Produktions- und Verkehrsmittel in den Rahmen der alten Eigentumsverhältnisse, die von ihnen gesprengt wurden, gesprengt werden mußten, gewaltsam wieder einsperren. In beiden Fällen ist er reaktionär und utopistisch zugleich.

Zunftwesen in der Manufaktur und patriarchalische Wirtschaft auf dem Lande, das sind seine letzten Worte.

[1]In ihrer weiteren Entwicklung hat sich diese Richtung in einen feigen Katzenjammer verlaufen.[2]

c) Der deutsche
oder der »wahre« Sozialismus

Die sozialistische und kommunistische Literatur Frankreichs, die unter dem Druck einer herrschenden Bourgeoisie entstand und der literarische Ausdruck des Kampfes gegen diese Herrschaft ist, wurde nach Deutschland eingeführt zu einer Zeit, wo die Bourgeoisie soeben ihren Kampf gegen den feudalen Absolutismus begann.

[1-2] Schließlich, als die hartnäckigen geschichtlichen Tatsachen jeden Rausch des Selbstbetrugs verscheucht hatten, artete diese Form des Sozialismus in einen erbärmlichen Katzenjammer aus.

Deutsche Philosophen, Halbphilosophen und Schöngeister bemächtigten sich gierig dieser Literatur und vergaßen nur, daß bei der Einwanderung jener Schriften aus Frankreich die französischen Lebensverhältnisse nicht gleichzeitig nach Deutschland eingewandert waren. Den deutschen Verhältnissen gegenüber verlor die französische Literatur alle unmittelbar praktische Bedeutung und nahm ein rein literarisches Aussehen an. Als müßige Spekulation über die Verwirklichung des menschlichen Wesens mußte sie erscheinen. So hatten für die deutschen Philosophen des 18. Jahrhunderts die Forderungen der ersten Französischen Revolution nur den Sinn, Forderungen der »praktischen Vernunft« im allgemeinen zu sein, und die Willensäußerungen der revolutionären französischen Bourgeoisie bedeuteten in ihren Augen die Gesetze des reinen Willens, des Willens, wie er sein muß, des wahrhaft menschlichen Willens.

Die ausschließliche Arbeit der deutschen Literaten bestand darin, die neuen französischen Ideen mit ihrem alten philosophischen Gewissen in Einklang zu setzen oder vielmehr von ihrem philosophischen Standpunkte aus die französischen Ideen sich anzueignen.

Diese Aneignung geschah in derselben Weise, wodurch man sich überhaupt eine fremde Sprache aneignet, durch die Übersetzung.

Es ist bekannt, wie die Mönche Manuskripte, worauf die klassischen Werke der alten Heidenzeit verzeichnet waren, mit abgeschmackten katholischen Heiligengeschichten überschrieben. Die deutschen Literaten gingen umgekehrt mit der profanen französischen Literatur um. Sie schrieben ihren philosophischen Unsinn hinter das französische Original. Z. B. hinter die französische Kritik der Geldverhältnisse schrieben sie »Entäußerung des menschlichen Wesens«, hinter die französische Kritik des Bourgeoisstaates schrieben sie »Aufhebung der Herrschaft des abstrakt Allgemeinen« usw.

Die Unterschiebung dieser philosophischen Redensarten unter die französischen Entwicklungen tauften sie »Philosophie der Tat«, »wahrer Sozialismus«, »deutsche Wissenschaft des Sozialismus«, »philosophische Begründung des Sozialismus« usw.

Die französische sozialistisch-kommunistische Literatur wurde so förmlich entmannt. Und da sie in der Hand des Deutschen aufhörte, den Kampf einer Klasse gegen die andre auszudrücken, so war der Deutsche sich bewußt, die »französische Einseitigkeit« überwunden, statt wahrer Bedürfnisse das Bedürfnis der Wahrheit und statt der Interessen des Proletariers die Interessen des menschlichen Wesens, des Menschen überhaupt vertreten zu haben, des Menschen, der keiner Klasse, der überhaupt nicht der Wirklichkeit, der nur dem Dunsthimmel der philosophischen Phantasie angehört.

Dieser deutsche Sozialismus, der seine unbeholfenen Schulübungen so ernst und feierlich nahm und so marktschreierisch ausposaunte, verlor indes nach und nach seine pedantische Unschuld.

Der Kampf der deutschen, namentlich der preußischen Bourgeoisie gegen die Feudalen und das absolute Königtum, mit einem Wort, die liberale Bewegung wurde ernsthafter.

Dem »wahren« Sozialismus war so erwünschte Gelegenheit geboten, der politischen Bewegung die sozialistischen Forderungen gegenüberzustellen, die überlieferten Anatheme gegen den Liberalismus, gegen den Repräsentativstaat, gegen die bürgerliche Konkurrenz, bürgerliche Preßfreiheit, bürgerliches Recht, bürgerliche Freiheit und Gleichheit zu schleudern und der Volksmasse vorzupredigen, wie sie bei dieser bürgerlichen Bewegung nichts zu gewinnen, vielmehr alles zu verlieren habe. Der deutsche Sozialismus vergaß rechtzeitig, daß die französische Kritik, deren geistloses Echo er war, die moderne bürgerliche Gesellschaft mit den entsprechenden materiellen Lebensbedingungen und der angemessenen politischen Konstitution vorausgesetzt, lauter Voraussetzungen, um deren Erkämpfung es sich erst in Deutschland handelte.

Er diente den deutschen absoluten Regierungen mit ihrem Gefolge von Pfaffen, Schulmeistern, Krautjunkern und Büro-

kraten als erwünschte Vogelscheuche gegen die drohend auf-
strebende Bourgeoisie.

Er bildete die süßliche Ergänzung zu den bitteren Peitschen-
hieben und Flintenkugeln, womit dieselben Regierungen die
deutschen Arbeiteraufstände bearbeiteten.

Ward der »wahre« Sozialismus dergestalt eine Waffe in der
Hand der Regierungen gegen die deutsche Bourgeoisie, so
vertrat er auch unmittelbar ein reaktionäres Interesse, das
Interesse der deutschen Pfahlbürgerschaft. In Deutschland
bildet das vom 16. Jahrhundert her überlieferte und seit der Zeit
in verschiedener Form hier immer neu wieder auftauchende
Kleinbürgertum die eigentliche gesellschaftliche Grundlage der
bestehenden Zustände.

Seine Erhaltung ist die Erhaltung der bestehenden deutschen
Zustände. Von der industriellen und politischen Herrschaft der
Bourgeoisie fürchtet es den sichern Untergang, einerseits in-
folge der Konzentration des Kapitals, andrerseits durch das
Aufkommen eines revolutionären Proletariats. Der »wahre«
Sozialismus schien ihm beide Fliegen mit einer Klappe zu
schlagen. Er verbreitete sich wie eine Epidemie.

Das Gewand, gewirkt aus spekulativem Spinnweb, über-
stickt mit schöngeistigen Redeblumen, durchtränkt von liebes-
schwülem Gemütstau, dies überschwengliche Gewand, worin
die deutschen Sozialisten ihre paar knöchernen »ewigen
Wahrheiten« einhüllten, vermehrte nur den Absatz ihrer Ware
bei diesem Publikum.

Seinerseits erkannte der deutsche Sozialismus immer mehr
seinen Beruf, der hochtrabende Vertreter dieser Pfahlbürgerschaft zu sein.

Er proklamierte die deutsche Nation als die normale Nation
und den deutschen Spießbürger als den Normalmenschen. Er
gab jeder Niedertracht desselben einen verborgenen, höheren,
sozialistischen Sinn, worin sie ihr Gegenteil bedeutete. Er zog
die letzte Konsequenz, indem er direkt gegen die »rohdestruk-
tive« Richtung des Kommunismus auftrat und seine unpartei-
ische Erhabenheit über alle Klassenkämpfe verkündete. Mit

sehr wenigen Ausnahmen gehört alles, was in Deutschland von angeblich sozialistischen und kommunistischen Schriften zirkuliert, in den Bereich dieser schmutzigen, entnervenden Literatur.[1*]

2. Der konservative oder Bourgeoissozialismus

Ein Teil der Bourgeoisie wünscht den sozialen Mißständen abzuhelfen, um den Bestand der bürgerlichen Gesellschaft zu sichern.

Es gehören hierher: Ökonomisten, Philanthropen, Humanitäre, Verbesserer der Lage der arbeitenden Klassen, Wohltätigkeitsorganisierer, Abschaffer der Tierquälerei, Mäßigkeitsvereinsstifter, Winkelreformer der buntscheckigsten Art. Und auch zu ganzen Systemen ist dieser Bourgeoissozialismus ausgearbeitet worden.

Als Beispiel führen wir Proudhons »Philosophie de la misère« an.

Die sozialistischen Bourgeois wollen die Lebensbedingungen der modernen Gesellschaft ohne die notwendig daraus hervorgehenden Kämpfe und Gefahren. Sie wollen die bestehende Gesellschaft mit Abzug der sie revolutionierenden und sie auflösenden Elemente. Sie wollen die Bourgeoisie ohne das Proletariat. Die Bourgeoisie stellt sich die Welt, worin sie herrscht, natürlich als die beste Welt vor. Der Bourgeoissozialismus arbeitet diese tröstliche Vorstellung zu einem halben oder ganzen System aus. Wenn er das Proletariat auffordert, seine Systeme zu verwirklichen und in das neue Jerusalem einzugehn, so verlangt er im Grunde nur, daß es in der jetzigen Gesellschaft stehenbleibe, aber seine gehässigen Vorstellungen von derselben abstreife.

Eine zweite, weniger systematische, nur mehr praktische

[1*] Der Revolutionssturm von 1848 hat diese gesamte schäbige Richtung weggefegt und ihren Trägern die Lust benommen, noch weiter in Sozialismus zu machen. Hauptvertreter und klassischer Typus dieser Richtung ist Herr Karl Grün. *[Anmerkung zur deutschen Ausgabe von 1890.]*

Form d[ies]es Sozialismus suchte der Arbeiterklasse jede revolutionäre Bewegung zu verleiden, durch den Nachweis, wie nicht diese oder jene politische Veränderung, sondern nur eine Veränderung der materiellen Lebensverhältnisse, der ökonomischen Verhältnisse ihr von Nutzen sein könne. Unter Veränderung der materiellen Lebensverhältnisse versteht dieser Sozialismus aber keineswegs Abschaffung der bürgerlichen Produktionsverhältnisse, die nur auf revolutionärem Wege möglich ist, sondern administrative Verbesserungen, die auf dem Boden dieser Produktionsverhältnisse vor sich gehn, also an dem Verhältnis von Kapital und Lohnarbeit nichts ändern, sondern im besten Fall der Bourgeoisie die Kosten ihrer Herrschaft vermindern und ihren Staatshaushalt vereinfachen.

Seinen entsprechenden Ausdruck erreicht der Bourgeoissozialismus erst da, wo er zur bloßen rednerischen Figur wird.

Freier Handel! im Interesse der arbeitenden Klasse; Schutzzölle! im Interesse der arbeitenden Klasse; Zellengefängnisse! im Interesse der arbeitenden Klasse: das ist das letzte, das einzige ernst gemeinte Wort des Bourgeoissozialismus.

Der Sozialismus der Bourgeoisie besteht eben in der Behauptung, daß die Bourgeois Bourgeois sind – im Interesse der arbeitenden Klasse.

3. Der kritisch-utopistische Sozialismus und Kommunismus

Wir reden hier nicht von der Literatur, die in allen großen modernen Revolutionen die Forderungen des Proletariats aussprach. (Schriften Babeufs etc.)

Die ersten Versuche des Proletariats, in einer Zeit allgemeiner Aufregung, in der Periode des Umsturzes der feudalen Gesellschaft direkt sein eigenes Klasseninteresse durchzusetzen, scheiterten notwendig an der unentwickelten Gestalt des Proletariats selbst wie an dem Mangel der materiellen Bedingungen seiner Befreiung, die eben erst das Produkt der bürgerlichen Epoche sind. Die revolutionäre Literatur, welche diese ersten Bewegungen des Proletariats begleitete, ist dem Inhalt nach notwendig reaktionär. Sie lehrt einen allgemeinen Asketismus und eine rohe Gleichmacherei.

Die eigentlich sozialistischen und kommunistischen Systeme, die Systeme St-Simons, Fouriers, Owens usw., tauchen auf in der ersten, unentwickelten Periode des Kampfes zwischen Proletariat und Bourgeoisie, die wir oben dargestellt haben. (S[iehe] Bourgeoisie und Proletariat.)

Die Erfinder dieser Systeme sehen zwar den Gegensatz der Klassen wie die Wirksamkeit der auflösenden Elemente in der herrschenden Gesellschaft selbst. Aber sie erblicken auf der Seite des Proletariats keine geschichtliche Selbsttätigkeit, keine ihm eigentümliche politische Bewegung.

Da die Entwicklung des Klassengegensatzes gleichen Schritt hält mit der Entwicklung der Industrie, finden sie ebensowenig die materiellen Bedingungen zur Befreiung des Proletariats vor und suchen nach einer sozialen Wissenschaft, nach sozialen Gesetzen, um diese Bedingungen zu schaffen.

An die Stelle der gesellschaftlichen Tätigkeit muß ihre persönlich erfinderische Tätigkeit treten, an die Stelle der geschichtlichen Bedingungen der Befreiung phantastische, an die Stelle der allmählich vor sich gehenden Organisation des Proletariats zur Klasse eine eigens ausgeheckte Organisation der Gesellschaft. Die kommende Weltgeschichte löst sich für sie auf in die Propaganda und die praktische Ausführung ihrer Gesellschaftspläne.

Sie sind sich zwar bewußt, in ihren Plänen hauptsächlich das Interesse der arbeitenden Klasse als der leidendsten Klasse zu vertreten. Nur unter diesem Gesichtspunkt der leidendsten Klasse existiert das Proletariat für sie.

Die unentwickelte Form des Klassenkampfes wie ihre eigene Lebenslage bringen es aber mit sich, daß sie weit über jenen Klassengegensatz erhaben zu sein glauben. Sie wollen die Lebenslage aller Gesellschaftsglieder, auch der bestgestellten, verbessern. Sie appellieren daher fortwährend an die ganze

Gesellschaft ohne Unterschied, ja vorzugsweise an die herrschende Klasse. Man braucht ihr System ja nur zu verstehen, um es als den bestmöglichen Plan der bestmöglichen Gesellschaft anzuerkennen.

Sie verwerfen daher alle politische, namentlich alle revolutionäre Aktion, sie wollen ihr Ziel auf friedlichem Wege erreichen und versuchen, durch kleine, natürlich fehlschlagende Experimente, durch die Macht des Beispiels dem neuen gesellschaftlichen Evangelium Bahn zu brechen.

Die phantastische Schilderung der zukünftigen Gesellschaft entspringt in einer Zeit, wo das Proletariat noch höchst unentwickelt ist, also selbst noch phantastisch seine eigene Stellung auffaßt, seinem ersten ahnungsvollen Drängen nach einer allgemeinen Umgestaltung der Gesellschaft.

Die sozial[istisch]en und kommunistischen Schriften bestehen aber auch aus kritischen Elementen. Sie greifen alle Grundlagen der bestehenden Gesellschaft an. Sie haben daher höchst wertvolles Material zur Aufklärung der Arbeiter geliefert. Ihre positiven Sätze über die zukünftige Gesellschaft, z. B. Aufhebung des Gegensatzes zwischen Stadt und Land, der Familie, des Privaterwerbs, der Lohnarbeit, die Verkündigung der gesellschaftlichen Harmonie, die Verwandlung des Staates in eine bloße Verwaltung der Produktion – alle diese ihre Sätze drücken bloß das Wegfallen des Klassengegensatzes aus, der eben erst sich zu entwickeln beginnt, den sie nur noch in seiner ersten gestaltlosen Unbestimmtheit kennen. Diese Sätze selbst haben daher noch einen rein utopistischen Sinn.

Die Bedeutung des kritisch-utopistischen Sozialismus und Kommunismus steht im umgekehrten Verhältnis zur geschichtlichen Entwicklung. In demselben Maße, worin der Klassenkampf sich entwickelt und gestaltet, verliert diese phantastische Erhebung über denselben, diese phantastische Bekämpfung desselben allen praktischen Wert, alle theoretische Berechtigung. Waren daher die Urheber dieser Systeme auch in vieler Beziehung revolutionär, so bilden ihre Schüler jedesmal reaktionäre Sekten. Sie halten die alten Anschauungen der Meister fest gegenüber der geschichtlichen Fortentwicklung des Proletariats. Sie suchen daher konsequent den Klassenkampf wieder abzustumpfen und die Gegensätze zu vermitteln. Sie träumen noch immer, die versuchsweise Verwirklichung ihrer gesellschaftlichen Utopien, Stiftung einzelner Phalanstere, Gründung von Home-Kolonien. Errichtung eines kleinen Ikariens[1*] − Duodezausgabe des neuen Jerusalems −, und zum Aufbau aller dieser spanischen Schlösser müssen sie an die Philanthropie der bürgerlichen Herzen und Geldsäcke appellieren. Allmählich fallen sie in die Kategorie der oben geschilderten reaktionären oder konservativen Sozialisten und unterscheiden sich nur noch von ihnen durch mehr systematische Pedanterie, durch den fanatischen Aberglauben an die Wunderwirkungen ihrer sozialen Wissenschaft.

Sie treten daher mit Erbitterung aller politischen Bewegung der Arbeiter entgegen, die nur aus blindem Unglauben an das neue Evangelium hervorgehen konnte.

Die Owenisten in England, die Fourieristen in Frankreich reagieren dort gegen die Chartisten[36], hier gegen die Reformisten[37].

IV
Stellung der Kommunisten zu den verschiedenen oppositionellen Parteien

Nach Abschnitt II versteht sich das Verhältnis der Kommunisten zu den bereits konstituierten Arbeiterparteien von selbst,

---

[1*] Phalanstere war die Bezeichnung für die von Charles Fourier geplanten sozialistischen Kolonien; Ikarien nannte Cabet seine Utopie und später seine kommunistische Kolonie in Amerika. *[Anmerkung zur englischen Ausgabe von 1888.]*

Home-Kolonien (Kolonien im Inland) nennt Owen seine kommunistischen Mustergesellschaften. Phalanstere war der Name der von Fourier geplanten gesellschaftlichen Paläste. Ikarien hieß das utopische Phantasieland, dessen kommunistische Einrichtungen Cabet schilderte. *[Anmerkung zur deutschen Ausgabe von 1890.]*

also ihr Verhältnis zu den Chartisten in England und den agrarischen Reformern[38] in Nordamerika.

Sie kämpfen für die Erreichung der unmittelbar vorliegenden Zwecke und Interessen der Arbeiterklasse, aber sie vertreten in der gegenwärtigen Bewegung zugleich die Zukunft der Bewegung. In Frankreich schließen sich die Kommunisten an die sozialistisch-demokratische[1*] Partei an gegen die konservative und radikale Bourgeoisie, ohne darum das Recht aufzugeben, sich kritisch zu den aus der revolutionären Überlieferung herrührenden Phrasen und Illusionen zu verhalten.

In der Schweiz unterstützen sie die Radikalen, ohne zu verkennen, daß diese Partei aus widersprechenden Elementen besteht, teils aus demokratischen Sozialisten im französischen Sinn, teils aus radikalen Bourgeois.

Unter den Polen unterstützen die Kommunisten die Partei, welche eine agrarische Revolution zur Bedingung der nationalen Befreiung macht, dieselbe Partei, welche die Krakauer Insurrektion von 1846[39] ins Leben rief.

In Deutschland kämpft die Kommunistische Partei, sobald die Bourgeoisie revolutionär auftritt, gemeinsam mit der Bourgeoisie gegen die absolute Monarchie, das feudale Grundeigentum und die Kleinbürgerei.

Sie unterläßt aber keinen Augenblick, bei den Arbeitern ein möglichst klares Bewußtsein über den feindlichen Gegensatz zwischen Bourgeoisie und Proletariat herauszuarbeiten, damit die deutschen Arbeiter sogleich die gesellschaftlichen und politischen Bedingungen, welche die Bourgeoisie mit ihrer Herrschaft herbeiführen muß, als ebenso viele Waffen gegen

---

1* Die Partei, die damals im Parlament von Ledru-Rollin, in der Literatur von Louis Blanc und in der Tagespresse von der »*Réforme*«[37] vertreten wurde. Der Name »Sozialdemokratie« bedeutete bei diesen ihren Erfindern eine Sektion der demokratischen oder republikanischen Partei mit mehr oder weniger sozialistischer Färbung. *[Anmerkung zur englischen Ausgabe von 1888.]*

Die damals sich sozialistisch-demokratisch nennende Partei in Frankreich war die durch Ledru-Rollin politisch und durch Louis Blanc literarisch vertretene; sie war also himmelweit verschieden von der heutigen deutschen Sozialdemokratie. *[Anmerkung zur deutschen Ausgabe von 1890.]*

die Bourgeoisie kehren können, damit, nach dem Sturz der reaktionären Klassen in Deutschland, sofort der Kampf gegen die Bourgeoisie selbst beginnt.

Auf Deutschland richten die Kommunisten ihre Hauptaufmerksamkeit, weil Deutschland am Vorabend einer bürgerlichen Revolution steht und weil es diese Umwälzung unter fortgeschrittneren Bedingungen der europäischen Zivilisation überhaupt und mit einem viel weiter entwickelten Proletariat vollbringt als England im 17. und Frankreich im 18. Jahrhundert, die deutsche bürgerliche Revolution also nur das unmittelbare Vorspiel einer proletarischen Revolution sein kann.

Mit einem Wort, die Kommunisten unterstützen überall jede revolutionäre Bewegung gegen die bestehenden gesellschaftlichen und politischen Zustände.

In allen diesen Bewegungen heben sie die Eigentumsfrage, welche mehr oder minder entwickelte Form sie auch angenommen haben möge, als die Grundfrage der Bewegung hervor.

Die Kommunisten arbeiten endlich überall an der Verbindung und Verständigung der demokratischen Parteien aller Länder.

Die Kommunisten verschmähen es, ihre Ansichten und Absichten zu verheimlichen. Sie erklären es offen, daß ihre Zwecke nur erreicht werden können durch den gewaltsamen Umsturz aller bisherigen Gesellschaftsordnung. Mögen die herrschenden Klassen vor einer kommunistischen Revolution zittern. Die Proletarier haben nichts in ihr zu verlieren als ihre Ketten. Sie haben eine Welt zu gewinnen.

Proletarier aller Länder, vereinigt euch![22]

Anhang

[Einzige erhaltene Originalseite des Entwurfs zum »Manifest der Kommunistischen Partei«.]

Geschrieben im Dezember 1847 oder im Januar 1848.

Erstmalig veröffentlicht als Faksimile in: Der wahre Jacob (Stuttgart), vom 17. März 1908.

Nach: MEW, Bd. 4, S. 610.

Der Entzifferung liegt die Handschrift zugrunde.

[Einzige erhaltene Originalseite des Entwurfs zum »Manifest der Kommunistischen Partei«]

[Handschrift von Frau Marx]

13)

[Prole]tarier, für die 10 Stunden Bill[31] ohne ihre Illusionen über die Resultate dieser Maßregel zu teilen. [Vgl. S. 56.]

[Handschrift von Karl Marx]

Wir haben übrigens gesehn:

Die Kommunisten stellen keine neue Theorie des Privateigentums auf. Sie sprechen nur die geschichtliche Tatsache aus, daß die bürgerlichen Produktions- und damit die bürgerlichen Eigentumsverhältnisse der Entwicklung der gesellschaftlichen Produktionskräfte nicht mehr und daher und in d.

Aber streitet nicht mit uns, indem ihr an Euren bürgerlichen Ideen von Freiheit, Bildung usw. die Abschaffung des bürgerlichen Eigentums meßt! Eure Ideen selbst sind Erzeugnisse der bürgerlichen Produktions- und Eigentumsverhältnisse, wie Euer Recht nur der zum Gesetz erhobene Wille Eurer Klasse ist. Ein Wille, dessen Inhalt bestimmt ist durch die materiellen Lebensbedingungen Eurer Klasse. [Vgl. S. 64.]

Die interessierte Vorstellung, Eure Produktionsverhältnisse und Eigentumsverhältnisse aus geschichtlichen vorübergehenden, einer bestimmten Entwicklungsstufe der Produktionskräfte entsprechenden Verhältnissen in ewige Natur- und Vernunftgesetze zu verwandeln, teilt Ihr mit allen untergegangenen herrschenden Klassen! [Vgl. S. 64.]

Was Ihr für das Feudaleigentum begreift, begreift Ihr nicht mehr für das bürgerliche Eigentum. [Vgl. S. 64.]

Und doch könnt Ihr die Tatsache nicht leugnen, daß mit dem Entwicklungsgang der Industrie der einseitige, auf

Die Kommunisten stellen keine neue Theorie des Eigentums auf. Sie sprechen eine Tatsache aus. Ihr leugnet die schlagendsten Tatsachen, Ihr müßt sie leugnen. Ihr seid rückwärts gekehrte Utopisten.

Einzige erhaltene Originalseite des Entwurfs
zum »Manifest der Kommunistischen Partei«

Register

Anmerkungen

1 Der *Bund der Kommunisten* war die erste revolutionäre Partei der deutschen und internationalen Arbeiterklasse und der Vorläufer der Internationalen Arbeiterassoziation (siehe Anm. 13). An seiner Gründung und Leitung waren Marx und Engels maßgeblich beteiligt. Programm und Statut des Bundes, dessen Mitglieder in der Mehrheit proletarisierte deutsche Handwerksgesellen waren, standen auf dem Boden des wissenschaftlichen Kommunismus. Der Bund der Kommunisten war hervorgegangen aus dem Bund der Gerechten und dem von Marx und Engels geleiteten Brüsseler Kommunistischen Korrespondenzkomitee. Seine Gründung vollzog sich auf dem ersten Kongreß Anfang Juni 1847 in London und wurde vom zweiten Kongreß – Ende November/Anfang Dezember 1847 in London – abgeschlossen. Während der Revolution 1848/49 spielten seine Mitglieder eine große Rolle bei der beginnenden Formierung einer politischen Massenbewegung des deutschen Proletariats und im revolutionären Kampf der demokratischen Kräfte zur Weiterführung der Revolution. Ende 1849/Anfang 1850 wurde er reorganisiert, und nach der Auseinandersetzung mit der kleinbürgerlichen Fraktion Willich-Schapper im September 1850 wurde die illegale Zentralbehörde nach Köln verlegt. Der erneute Aufschwung der propagandistischen und organisatorischen Tätigkeit des Bundes der Kommunisten im Frühjahr 1851 in Deutschland wurde durch die im Mai 1851 beginnende Verhaftungswelle unterbrochen. Sein Wirken endete faktisch mit dem Kölner Kommunistenprozeß Ende 1852 (siehe Anm. 12). 11 18

2 *Februarrevolution* (22. bis 25. Februar 1848) – in einem bewaffneten Aufstand stürzten die Pariser Arbeiter, Handwerker und Studenten die bürgerlich-konstitutionelle Monarchie Louis-Philippes und erzwangen die Proklamierung der Französischen Republik. 11 18 29

3 *»The Red Republican«* (London) – chartistische Wochenschrift, die Julian Harney von Juni bis November 1850 herausgab; vom 9. bis 30. November 1850 veröffentlichte die Zeitschrift die erste englische Übersetzung des »Manifestes« unter dem Titel »Manifesto of the German Communist Party«. 11 18

4 *Juni-Insurrektion* – der Aufstand des Pariser Proletariats vom 23.

bis 26. Juni 1848 war die erste große Auseinandersetzung zwischen der Bourgeoisie und dem Proletariat. Isoliert von seinen kleinbürgerlichen und bäuerlichen Verbündeten und ohne Gesamtleitung erlitt das Pariser Proletariat eine blutige Niederlage. 11 18 29

5 »Le Socialiste« (New York) – Wochenschrift, die von Oktober 1871 bis Mai 1873 in französischer Sprache herausgegeben wurde; Organ der französischen Sektionen der Internationalen Arbeiterassoziation (siehe Anm. 13) in den USA; unterstützte die bürgerlichen und kleinbürgerlichen Elemente in der Nordamerikanischen Föderation; nach dem Haager Kongreß 1872 brach sie die Verbindung zur Internationale ab; vom 20. Januar bis 30. März 1872 wurde in der Zeitschrift das »Manifest« veröffentlicht. 11 20

6 Die Pariser Kommune (18. März bis 28. Mai 1871) war der erste Versuch des Proletariats zur Errichtung der politischen Herrschaft der Arbeiterklasse. Sie führte so wichtige politische Maßnahmen durch wie die Zerschlagung des alten Staatsapparats, die Einführung der Wählbarkeit und Absetzbarkeit aller Staatsfunktionäre, die Beseitigung der Trennung von Legislative und Exekutive und die Ersetzung des stehenden Heeres durch allgemeine Volksbewaffnung. Das Fehlen einer klaren, wissenschaftlich begründeten Konzeption des Kampfes und einer führenden revolutionären Partei des Proletariats sowie die erdrückende Übermacht der Konterrevolutionäre waren Ursachen des Scheiterns der Pariser Kommune. Grausam niedergeschlagen, gewann sie die größte Bedeutung durch die Erschließung ihrer Lehren durch Marx und Engels. Die marxistische Analyse bestätigte die Notwendigkeit der Zerschlagung des bourgeoisen Staatsapparats und erweiterte und konkretisierte die Vorstellungen von der Diktatur des Proletariats, der Bündnispolitik und der Lehre von der Partei. 12 24

7 Siehe MEW, Bd. 17, S. 336. 12 24

8 Das Vorwort zur zweiten russischen Ausgabe von 1882 war das letzte von Marx und Engels gemeinsam verfaßte Vorwort zum »Manifest«; es existiert in zwei autorisierten deutschen Fassungen. Das von Engels verloren geglaubte deutsche Original vom 21. Januar 1882 wird auf den Seiten 13/14 abgedruckt, die von Engels vorgenommene Rückübersetzung aus dem Russischen vom 1. Mai 1890 ist im Vorwort zur vierten deutschen Ausgabe von 1890 enthalten (vorl. Band, S. 26–28). 13 26

9 Die erste russische Übersetzung des »Manifestes« wurde 1869 in Genf herausgegeben. 13 20 26

10 *»Kolokol«(»Колоколъ«)* – revolutionär-demokratische Zeitschrift, gegründet von Alexander Herzen und Nikolai Ogarjow, erschien in russischer Sprache zweimal monatlich vom 1. Juli 1857 bis 1865 in London und bis 1867 in Genf; 1868/1869 wurde sie in französischer Sprache unter dem Titel »Kolokol (La Cloche). Revue du développement social, politique et littéraire en Russie« mit russischen Beilagen weiterhin in Genf herausgegeben. 13 20 26

11 Nach der Tötung des Zaren Alexander II. durch Mitglieder der Geheimorganisation der Volkstümler Народная воля (Volkswille) am 13. März 1881 verkroch sich sein Nachfolger Alexander III., von Polizei und Militär bewacht, im Schloß Gatschina unweit von St. Petersburg, weil er neue terroristische Aktionen der Volkstümler fürchtete. 14 27

12 Im *Kölner Kommunistenprozeß* 1852 wurden elf Mitglieder des Bundes der Kommunisten (siehe Anm. 1) wegen angeblichen Hochverrats vor Gericht gestellt. Die Anklage stützte sich auf das von der preußischen Geheimpolizei fabrizierte »Protokollbuch« der Sitzungen der Zentralbehörde des Bundes und andere Fälschungen. Sieben Angeklagte wurden zu Festungshaft von drei bis sechs Jahren verurteilt. Marx entlarvte in seinen »Enthüllungen über den Kommunisten-Prozeß zu Köln« (MEW, Bd. 8, S. 405–470) die politischen Hintergründe des Prozesses und die hinterhältigen Methoden, die der preußische Polizeistaat gegen die internationale Arbeiterbewegung anwandte. 19 29

13 Die *Internationale Arbeiterassoziation* (I. Internationale) wurde am 28. September 1864 auf einem internationalen Arbeitermeeting in London gegründet. Als Mitglieder des Generalrats, des ständigen Leitungsorgans der Internationale, waren Marx und ab 1870 auch Engels die eigentlichen Organisatoren. Die Internationale war die erste internationale revolutionäre Massenorganisation des Proletariats mit Einfluß in den meisten europäischen Ländern und den USA. Sie verwirklichte zum erstenmal den proletarischen Internationalismus in vielfältigen Formen. Die Konferenz in Philadelphia 1876 erklärte offiziell ihre Auflösung. 19 29

14 Gemeint ist die von Marx verfaßte »Inauguraladresse der Internationalen Arbeiter-Assoziation« sowie die »Provisorischen Statuten der Internationalen Arbeiter-Assoziation« (MEW, Bd. 16, S. 5–16). 19 30

15 Engels zitiert aus einer Rede, die der Präsident des Rates der Trade-Unions der Stadt Swansea, William Bevan, auf dem 1887 in dieser

Stadt tagenden Jahreskongreß der Trade-Unions gehalten und über die die Londoner Zeitung »Commonweal« am 17. September 1887 berichtet hatte. 20 30

16 »*Woodhull & Claflin's Weekly*« (New York) – Wochenschrift, herausgegeben von 1870 bis 1876 von Victoria Woodhull und Tennessee Claflin; Organ der amerikanischen bürgerlichen Frauenrechtlerinnen; am 30. Dezember 1871 erschien in dieser Zeitschrift das »Manifest« in gekürzter Form. 20

17 Engels nennt in seinem 1894 geschriebenen Nachwort zu dem Artikel »Soziales aus Rußland« als Verfasser der erwähnten Übersetzung Georgi Plechanow (MEW, Bd. 22, S. 429). Auch Plechanow weist in der russischen Ausgabe des »Manifestes« von 1900 darauf hin, daß die genannte Übersetzung von ihm angefertigt wurde. 20 26

18 »*Le Socialiste*« (Paris) – Wochenschrift, gegründet 1885 von Jules Guesde; seit 1902 Organ der französischen Arbeiterpartei, von 1902 bis 1905 Organ der Sozialistischen Partei Frankreichs, seit 1905 Organ der Französischen Sozialistischen Partei; in den achtziger und neunziger Jahren veröffentlichte Engels einige Artikel in der Zeitung; die von Laura Lafargue angefertigte französische Übersetzung des »Manifestes« erschien vom 29. August bis 7. November 1885. 20 28

19 Gemeint ist das Vorwort zur dritten deutschen Ausgabe 1883 (vorl. Band, S. 16/17). 26

20 »*El Socialista*« (Madrid) – Tageszeitung, später Wochenblatt, gegründet 1885 von Pablo Iglesias; Zentralorgan der Sozialistischen Arbeiterpartei Spaniens; vom 11. Juni bis 6. August 1886 wurde die spanische Übersetzung des »Manifestes« in der Zeitschrift veröffentlicht. 28

21 Gemeint sind die Vorstellungen über eine sozialistische Gesellschaftsordnung, die der französische utopische Sozialist Étienne Cabet in seinem Roman »Voyage en Icarie« darlegte. 31

22 Diese Losung trug erstmalig die »Kommunistische Zeitschrift«, Probeblatt, London, im September 1847, deren Herausgabe vom ersten Kongreß des Bundes der Kommunisten (siehe Anm. 1) beschlossen worden war, auf ihrer Titelseite. Auf dem zweiten Kongreß setzten Marx und Engels diese Losung als Parteilosung endgültig durch; sie trat an die Stelle des alten Bundesmottos: »Alle Menschen sind Brüder«. 31 83

23 Der erste Kongreß der Internationalen Arbeiterassoziation (siehe

Anm. 13) fand vom 3. bis 8. September 1866 in Genf statt. Die wichtigsten Beschlüsse des Kongresses beruhen auf den von Marx verfaßten »Instruktionen für die Delegierten des Provisorischen Zentralrats zu den einzelnen Fragen« (MEW, Bd. 16, S. 190–199). So nahm der Kongreß sechs der von Marx verfaßten neun Punkte der »Instruktionen« als Resolutionen an, u. a. eine Resolution über die Beschränkung des Arbeitstages. 32

24 *Pariser Arbeiterkongreß 1889* – der Internationale Sozialistische Arbeiterkongreß, der zum Gründungskongreß der II. Internationale wurde, fand vom 14. bis 20. Juli 1889 in Paris statt. Der Kongreß arbeitete die Grundlagen einer internationalen Arbeitergesetzgebung aus, erhob die Forderung nach gesetzlicher Einführung des Achtstundentags, unterstrich die Notwendigkeit der politischen Organisation des Proletariats und beschloß, den 1. Mai jährlich als internationalen Feiertag zu begehen. 32

25 Im Jahre 1890 begingen die sozialistischen Parteien und Arbeiterorganisationen zum erstenmal den 1. Mai als internationalen Kampf- und Feiertag der Werktätigen (siehe Anm. 24). Es wurden Massendemonstrationen und Meetings veranstaltet. Alle diese Aktionen standen, wie in Paris beschlossen, unter der Losung des Kampfes für den Achtstundentag. Verschiedentlich fanden die Maifeiern erst am ersten Sonntag nach dem 1. Mai statt, so am 4. Mai 1890 im Londoner Hyde Park, an der auch Engels teilnahm. 32

26 Die polnische Ausgabe des »Manifestes«, die 1892 in London erschien, wurde von polnischen Emigranten besorgt und vom Verlag der Zeitschrift »Przedświt« herausgegeben. Die Verleger bezeichneten sie als zweite Ausgabe, da eine vorangegangene Ausgabe 1883 in Genf im gleichen Verlag erschienen war. Die erste polnische Übersetzung, auf die Marx und Engels im Vorwort zur deutschen Ausgabe des »Manifestes« von 1872 hinwiesen, wurde jedoch bereits 1848 in London veröffentlicht. 33

27 *Kongreßpolen* – der Teil Polens, der auf Grund der Beschlüsse des Wiener Kongresses 1814/1815 unter der Bezeichnung Königreich Polen durch Personalunion an Rußland fiel. 33

28 Nach der ersten Teilung Polens 1772 zwischen Rußland, Preußen und Österreich kam es 1792 zur ersten Erhebung Polens für seine nationale Einheit, der im 19. Jahrhundert weitere folgten. Sie wurden alle blutig unterdrückt. Der am 22. Januar 1863 in Kongreßpolen (siehe Anm. 27) ausgebrochene Aufstand war nicht nur eine

wichtige Etappe im nationalen Befreiungskampf des polnischen Volkes, sondern auch von internationaler Bedeutung; er wurde von den fortschrittlichsten Kräften in Europa unterstützt. Die Protestaktionen des internationalen Proletariats gegen die grausame Niederwerfung Polens durch den Zarismus und gegen die Gleichgültigkeit, mit der die übrigen Regierungen diesem zusahen, spielten eine wichtige Rolle bei der Gründung der Internationalen Arbeiterassoziation (siehe Anm. 13). 34

29 Dieses Vorwort schrieb Engels auf Ersuchen des italienischen Sozialisten Filippo Turati, der das französische Manuskript ins Italienische übersetzte. 36

30 In ihren späteren Arbeiten verwendeten Marx und Engels an Stelle der Begriffe »Wert der Arbeit« und »Preis der Arbeit« die von Marx eingeführten genaueren Begriffe »Wert der Arbeitskraft« und »Preis der Arbeitskraft«. Siehe hierzu die Erläuterungen in Engels' Einleitung zur Ausgabe von Marx' »Lohnarbeit und Kapital« 1891 (MEW, Bd. 22, S. 202–209). 53

31 *Zehnstundenbill* – das Gesetz zur Beschränkung des Arbeitstages für Jugendliche und Frauen auf zehn Stunden wurde vom englischen Parlament am 8. Juni 1847 angenommen. Es wurde jedoch von den Fabrikanten vielfach umgangen. 56 87

32 *Julirevolution* – in der Revolution vom 27. bis 29. Juli 1830 erzwangen die Pariser Arbeiter, Kleinbürger und Studenten den Sturz der Bourbonenherrschaft unter Karl X. Die Finanzbourgeoisie nutzte jedoch deren Unorganisiertheit aus, um die Macht zu ergreifen, und setzte Louis-Philippe, Herzog von Orléans, als sogenannten Bürgerkönig ein. Die Julirevolution fand starken Widerhall in der fortschrittlichen Öffentlichkeit aller Länder und gab den Anstoß zu revolutionären und nationalen Erhebungen in Belgien, Deutschland, Polen und Italien. 70

33 Anfang der dreißiger Jahre kämpfte die englische Arbeiterbewegung um politische Reformen; dies wurde von der englischen liberalen Bourgeoisie ausgenutzt, am 7. Juni 1832 das Gesetz über die Wahlrechtsreform durchzusetzen. Danach wurde 56 Ortschaften Großbritanniens mit weniger als zweitausend Einwohnern das Recht genommen, Vertreter ins Unterhaus zu entsenden. Grund- und Hausbesitzer, die im Jahr mindestens 10 Pfund Sterling Steuern zahlten, erhielten das Wahlrecht. Die Reform richtete sich gegen die politische Monopolstellung der Grund- und Finanzaristokratie, beseitigte die schlimmsten feudalen Überreste im englischen Wahl-

recht und verschaffte den Vertretern der industriellen Bourgeoisie den Zutritt zum Parlament. Proletariat und Kleinbürgertum, die Hauptkräfte im Kampf für die Reform, wurden von der liberalen Bourgeoisie betrogen und erhielten kein Wahlrecht. 70

34 *Legitimisten* — Anhänger der 1830 gestürzten Bourbonendynastie (siehe Anm. 32). Im Kampf gegen die von 1830 bis 1848 herrschende Dynastie der Orléans, die sich auf die Finanzbourgeoisie stützte, griff ein Teil der Legitimisten auch zur sozialen Demagogie und gebärdete sich als Beschützer der Werktätigen vor der Ausbeutung durch die Bourgeoisie. 71

35 *Junges England (Young England)* — ein um 1842 gegründeter Verein englischer Aristokraten, Politiker und Literaten, die sich der Konservativen Partei (Tories) anschlossen. Ihre Vertreter, die die Unzufriedenheit der Grundaristokratie mit der zunehmenden wirtschaftlichen und politischen Macht der Bourgeoisie zum Ausdruck brachten, nahmen zu demagogischen Mitteln Zuflucht, um die Arbeiterklasse zu beeinflussen und sie für ihren Kampf gegen die Bourgeoisie auszunutzen. 71

36 *Chartisten* — Vertreter der revolutionären, aber nicht sozialistischen Bewegung der englischen Arbeiter, die ihren Höhepunkt in den Jahren 1836 bis 1848 hatte und nahezu 40 000 Mitglieder umfaßte. Die Chartisten kämpften für die Verwirklichung der People's Charter (Volkscharte), deren Forderungen auf eine Demokratisierung der staatlichen Ordnung Englands gerichtet waren. Mit dem wirtschaftlichen Aufschwung und der stärker werdenden Gewerkschaftsbewegung in der zweiten Hälfte der fünfziger Jahre wurde dem Chartismus allmählich der Boden entzogen. 81

37 *Reformisten* — Anhänger der Pariser Zeitung »La Réforme«, die für demokratische und soziale Reformen eintraten. 81

38 *agrarische Reformer* — 1845 wurde die National Reform-Association in Amerika gegründet, deren Kern das Junge Amerika, eine Organisation amerikanischer Handwerker und Arbeiter, war. Sie forderte vor allem die Durchführung einer Bodenreform, bei der eine Zuteilung von 160 Acres (etwa 65 Hektar) aus den Staatsländereien erfolgen sollte; zu den weiteren Programmpunkten gehörten die Einführung des Zehnstundentages sowie die Abschaffung der Sklaverei und des stehenden Heeres. An der Bewegung nahmen viele emigrierte deutsche Handwerker teil. 82

39 Während des nationalen Befreiungskampfes in Polen (siehe Anm. 28) war es den Aufständischen am 22. Februar 1846 gelungen, in

Krakau eine Nationalregierung zu bilden. Sie erließen ein Manifest über die Abschaffung der Feudallasten. Der Aufstand wurde Anfang März 1846 von österreichischen, preußischen und russischen Truppen niedergeschlagen. 82

Personenverzeichnis

Alexander III. (1845−1894) Zar von Rußland (1881−1894). 14 27

Babeuf, François-Noël (Gracchus) (1760−1797) französischer Revolutionär, utopischer Kommunist, Organisator der Verschwörung der Gleichen. 78

Bakunin, Michail Alexandrowitsch (1814−1876) russischer demokratischer Publizist, Teilnehmer der Revolution 1848/49 in Deutschland; später ein Hauptvertreter des Anarchismus; Mitglied der Internationalen Arbeiterassoziation, in der er als Gegner des Marxismus auftrat. 13 20 26 30

Bevan, William Vorsitzender des Rates der Trade-Unions der Stadt Swansea, 1887 Präsident des dort tagenden Kongresses der Trade-Unions. 20 30

Bismarck, Otto Fürst von (1815−1898) preußischer Ministerpräsident (1862−1872 und 1873−1890) und Reichskanzler (1871−1890). 34

Blanc, Jean-Joseph-Louis (1811−1882) französischer Journalist und Historiker, kleinbürgerlicher Sozialist; 1848 Mitglied der provisorischen Regierung; emigrierte im August 1848 nach England; wandte sich gegen die Pariser Kommune; Mitglied der Nationalversammlung von 1871. 82

Cabet, Étienne (1788−1856) französischer Jurist und Publizist, utopischer Kommunist, Verfasser des utopischen Romans »Voyage en Icarie« (1842). 22 31 81

Claflin, Tennessee Celeste (1845−1923) amerikanische bürgerliche Frauenrechtlerin; versuchte die Organisation der Internationalen Arbeiterassoziation in den USA für ihre Interessen auszunutzen; gab zusammen mit ihrer Schwester Victoria Woodhull die Zeitung »Woodhull & Claflin's Weekly« heraus. 20

Dante Alighieri (1265−1321) italienischer Dichter. 38

Darwin, Charles Robert (1809−1882) englischer Naturforscher, Begründer der Lehre von der Entstehung und Entwicklung der Pflanzen- und Tierarten. 17 23

Engels, Friedrich (1820−1895). 11 12 14 16−19 22−26 28−32 34 37 38 44 46

Ferdinand I. (1793–1875) Kaiser von Österreich (1835–1848). 36

Fourier, François-Marie-Charles (1772–1837) französischer utopischer Sozialist. 22 30 79 81

Grün, Karl (Pseudonym *Ernst von der Haide*) (1817–1887) Publizist; gehörte Mitte der vierziger Jahre zu den Hauptvertretern des »wahren« Sozialismus; kleinbürgerlicher Demokrat; 1848 Abgeordneter der preußischen Nationalversammlung (linker Flügel). 77

Guizot, François-Pierre-Guillaume (1787–1874) französischer Historiker und Staatsmann, Orleanist; leitete 1840–1848 die Innen- und Außenpolitik Frankreichs, vertrat die Interessen der Finanzbourgeoisie. 43

Harney, George Julian (1817–1897) englischer Arbeiterführer, Führer des linken Flügels der Chartisten; Redakteur verschiedener chartistischer Presseorgane; Mitglied des Brüsseler Kommunistischen Korrespondenzkomitees, des Bundes der Gerechten und des Bundes der Kommunisten; unterhielt bis Anfang der fünfziger Jahre Verbindung zu Marx und Engels; lebte von 1863–1888 in den USA; Mitglied der Internationalen Arbeiterassoziation. 18

Haxthausen, August Freiherr von (1792–1866) preußischer Beamter, Schriftsteller; Anhänger der Leibeigenschaft. 44

Herzen, Alexander Iwanowitsch (1812–1870) russischer materialistischer Philosoph, Publizist und Schriftsteller; revolutionärer Demokrat; lebte seit 1852 in London, wo er unter anderem die Zeitschrift »Kolokol« herausgab; starb in Paris. 20

Kelley-Wischnewetzky, Florence (1859–1932) amerikanische Sozialistin, später Reformistin; übersetzte Engels' »Lage der arbeitenden Klasse in England« ins Englische. 24

Lassalle, Ferdinand (1825–1864) Schriftsteller und kleinbürgerlicher Demokrat, nahm an der Revolution 1848/49 teil, seitdem mit Marx und Engels bekannt; sein historisches Verdienst bestand darin, daß er mit der Gründung des Allgemeinen Deutschen Arbeitervereins im Mai 1863 dem Streben der fortgeschrittenen Arbeiter nach organisatorischer Trennung von der liberalen Bourgeoisie entsprach; er vermittelte der Arbeiterklasse jedoch keine revolutionäre Perspektive, sondern schuf die Illusion, mit Hilfe des junkerlich-preußischen Staates friedlich in den Sozialismus hineinwachsen zu können. 19 20 29

Ledru-Rollin, Alexandre-Auguste (1807–1874) französischer Jurist, Publizist und Politiker, ein Führer der kleinbürgerlichen Demokraten; Redakteur der Zeitung »La Réforme«; 1848 Innenminister der provisorischen Regierung und Mitglied der Exekutivkommission; Deputierter der konstituierenden und der gesetzgebenden Nationalversammlung (Montagne). 82

Louis Bonaparte siehe *Napoleon III.*

Macfarlane, Helen Übersetzerin der ersten englischen Ausgabe des »Manifestes der Kommunistischen Partei«. 11 18

Marx, Karl (1818–1883). 11 12 14 16–20 22–26 28–32 36 46

Maurer, Georg Ludwig Ritter von (1790–1872) bayrischer Staatsmann und Rechtshistoriker; erforschte die Rechtsverhältnisse Deutschlands in der Frühzeit und im Mittelalter. 44

Metternich, Clemens Wenzel Lothar Fürst von (1773–1859) österreichischer Staatsmann und Diplomat; Außenminister (1809–1821) und Staatskanzler (1821–1848); Mitbegründer der Heiligen Allianz. 43

Moore, Samuel (1830–1911) englischer Jurist, Mitglied der Internationalen Arbeiterassoziation; übersetzte das »Manifest der Kommunistischen Partei« und gemeinsam mit Edward Aveling den ersten Band des »Kapitals« ins Englische; enger Freund von Marx und Engels. 25 29

Morgan, Lewis Henry (1818–1881) amerikanischer Ethnologe, Archäologe und Historiker der Urgesellschaft, Vertreter des spontanen Materialismus. 44

Napoleon III. Louis Bonaparte (1808–1873) Präsident der Zweiten Republik (1848–1852), Kaiser der Franzosen (1852–1870); Neffe Napoleons I. 34

Nikolaus I. (1796–1855) Zar von Rußland (1825–1855). 36

Owen, Robert (1771–1858) englischer utopischer Sozialist. 22 30 79 81

Proudhon, Pierre-Joseph (1809–1865) französischer Publizist, Soziologe und Ökonom, Ideologe des Kleinbürgertums; ein theoretischer Begründer des Anarchismus. 19 20 29 77

Reeves, William Dobson (etwa 1827–1907) englischer Verleger und Buchhändler. 24 29

Saint-Simon, Claude-Henri de Rouvroy, comte de (1760–1825) französischer utopischer Sozialist. 79

Sassulitsch, Vera Iwanowna (1851–1919) aktive Teilnehmerin der Volkstümlerbewegung, später der sozialdemokratischen Bewegung Rußlands; 1883 Mitbegründerin der marxistischen Gruppe Befreiung der Arbeit, schloß sich später den Menschewiki an. 20 26

Sismondi, Jean-Charles-Léonard Simonde de (1773–1842) Schweizer Ökonom und Historiker. 72

Weitling, Wilhelm (1808–1871) Schneider, führendes Mitglied und Theoretiker des Bundes der Gerechten; Vertreter des utopischen Arbeiterkommunismus in Deutschland; emigrierte 1849 nach Amerika; näherte sich am Ende seines Lebens der Internationalen Arbeiterassoziation. 22 31

Wischnewetzky, Florence K. siehe *Kelley-Wischnewetzky, Florence*

Woodhull, Victoria (1838–1927) amerikanische bürgerliche Frauenrechtlerin; versuchte 1871/1872 die Führung der Nordamerikanischen Föderation der Internationalen Arbeiterassoziation an sich zu reißen, indem sie Sektionen aus bürgerlichen und kleinbürgerlichen Elementen organisierte; gab zusammen mit ihrer Schwester Tennessee Claflin die Zeitung »Woodhull & Claflin's Weekly« heraus. 20

Zar von Rußland 1825–1855 siehe *Alexander III.*
Zar von Rußland 1881–1894 siehe *Nikolaus I.*

Inhalt

Illustrationen